# Yavaş Pişirme Sanatı 2023

Lezzetli Yemekler Uzun Bekleyişe Değer

Esin Çelik

# İçerik

Tavuklu Erişte, Yavaş Pişirici .......................................................................... 22

İÇERİK ................................................................................................................ 22

HAZIRLIK ........................................................................................................... 23

soğanlı tavuk .................................................................................................... 25

İÇERİK ................................................................................................................ 25

HAZIRLIK ........................................................................................................... 25

Maydanozlu tavuk köfte ................................................................................ 26

İÇERİK ................................................................................................................ 26

HAZIRLIK ........................................................................................................... 27

İnci soğan ve mantarlı tavuk ........................................................................ 28

İÇERİK ................................................................................................................ 28

HAZIRLIK ........................................................................................................... 28

ananaslı tavuk .................................................................................................. 30

İÇERİK ................................................................................................................ 30

HAZIRLIK ........................................................................................................... 30

tavuk ve pilav ile güveç ................................................................................. 32

İÇERİK ................................................................................................................ 32

HAZIRLIK ........................................................................................................... 32

baharatlı tavuk ... 33

İÇERİK ... 33

HAZIRLIK ... 33

Çin tavuğu ve sebzeleri ... 35

İÇERİK ... 35

HAZIRLIK ... 35

Pirinçli Cornish Oyunu tavukları ... 37

İÇERİK ... 37

HAZIRLIK ... 37

Kuru üzüm soslu Cornish tavuk ... 38

İÇERİK ... 38

HAZIRLIK ... 38

Country Captain Tavuk göğsü ... 40

İÇERİK ... 40

HAZIRLIK ... 41

Bahçede tavuk ve mantar ... 42

İÇERİK ... 42

HAZIRLIK ... 42

Ülke Kulübü Tavuğu ... 43

İÇERİK ... 43

HAZIRLIK ... 43

kızılcıklı tavuk .................................................................................... 45

İÇERİK ................................................................................................ 45

HAZIRLIK ........................................................................................... 45

kızılcıklı tavuk II ................................................................................ 46

İÇERİK ................................................................................................ 46

HAZIRLIK ........................................................................................... 46

Krem peynirli tavuk ........................................................................... 48

İÇERİK ................................................................................................ 48

HAZIRLIK ........................................................................................... 48

Kremalı tavuk ve enginar .................................................................. 50

İÇERİK ................................................................................................ 50

HAZIRLIK ........................................................................................... 50

Kremalı İtalyan Tavuğu ..................................................................... 52

İÇERİK ................................................................................................ 52

HAZIRLIK ........................................................................................... 53

Kreol tavuğu ...................................................................................... 54

İÇERİK ................................................................................................ 54

HAZIRLIK ........................................................................................... 54

Sosisli Kreol Tavuğu .......................................................................... 56

İÇERİK ................................................................................................ 56

HAZIRLIK ........................................................................................... 56

Bir tencerede tavuk ve enginar ......... 58

İÇERİK ......... 58

HAZIRLIK ......... 58

Tavuk güveç ve sos ......... 60

İÇERİK ......... 60

HAZIRLIK ......... 60

Hot Pot Chicken Enchilada Sıcak bir yemek ......... 62

İÇERİK ......... 62

HAZIRLIK ......... 62

Kızarmış tavuk enchiladas ......... 64

İÇERİK ......... 64

HAZIRLIK ......... 64

Bir tavada tavuk ekmeği ......... 65

İÇERİK ......... 65

HAZIRLIK ......... 65

güveç güveç ......... 67

İÇERİK ......... 67

HAZIRLIK ......... 67

Bir tencerede tavuk ve otlardan yapılmış köfte ......... 69

İÇERİK ......... 69

HAZIRLIK ......... 69

Bir tavada ızgara tavuk ...................................................................... 71

İÇERİK ..................................................................................................... 71

HAZIRLIK ................................................................................................ 71

Bir tavada ızgara tavuk ...................................................................... 73

İÇERİK ..................................................................................................... 73

HAZIRLIK ................................................................................................ 73

Tavuk güveç ........................................................................................... 74

İÇERİK ..................................................................................................... 74

HAZIRLIK ................................................................................................ 75

Tavuk Chow Mein Güveç ................................................................... 76

İÇERİK ..................................................................................................... 76

HAZIRLIK ................................................................................................ 76

Bir güveçte Cordon Bleu tavuğu ..................................................... 78

İÇERİK ..................................................................................................... 78

HAZIRLIK ................................................................................................ 78

Tavuk yahnisi Cordon Bleu II ........................................................... 79

İÇERİK ..................................................................................................... 79

HAZIRLIK ................................................................................................ 79

güveçte tavuk budu ............................................................................ 81

İÇERİK ..................................................................................................... 81

HAZIRLIK ................................................................................................ 81

10. Varyasyonlar .................................................................. 82

Crockpot tavuk fricasee tarifi ............................................ 83

İÇERİK .............................................................................. 83

HAZIRLIK .......................................................................... 84

Tavuk Reuben Güveç ....................................................... 85

İÇERİK .............................................................................. 85

HAZIRLIK .......................................................................... 86

tavuk enginar güveç ........................................................ 87

İÇERİK .............................................................................. 87

HAZIRLIK .......................................................................... 87

Dijon Hardallı Tavuk Güveç ............................................. 89

İÇERİK .............................................................................. 89

HAZIRLIK .......................................................................... 89

Pilavlı tavuk tenceresi ..................................................... 90

İÇERİK .............................................................................. 90

HAZIRLIK .......................................................................... 91

Tavuklu domatesli güveç ................................................. 92

İÇERİK .............................................................................. 92

HAZIRLIK .......................................................................... 92

Gulaş Kola Tavuk ............................................................. 93

İÇERİK .............................................................................. 93

HAZIRLIK ............................................................................................. 93

Tavuk Creole Güveç ............................................................................ 94

İÇERİK ................................................................................................. 94

HAZIRLIK ............................................................................................. 94

Tavuğu otlar ve doldurma ile soteleyin ........................................... 96

İÇERİK ................................................................................................. 96

HAZIRLIK ............................................................................................. 96

Tavuğu otlar ve doldurma ile soteleyin ........................................... 98

İÇERİK ................................................................................................. 98

HAZIRLIK ............................................................................................. 98

Güveçte İtalyan usulü tavuk ............................................................ 100

İÇERİK ............................................................................................... 100

HAZIRLIK ........................................................................................... 100

Tavuk Güveç Lima Fasulyesi ............................................................ 102

İÇERİK ............................................................................................... 102

HAZIRLIK ........................................................................................... 102

Makarna ve peynir karışımı ile Türk lokumu ................................. 103

İÇERİK ............................................................................................... 103

HAZIRLIK ........................................................................................... 103

Debbie'nin tavuk ve doldurma ile yahnisi .................................... 104

İÇERİK ............................................................................................... 104

HAZIRLIK .................................................................................... 104

Diana'nın tavuğu la King ............................................................ 106

İÇERİK ........................................................................................ 106

HAZIRLIK .................................................................................... 106

sebzeli dereotu tavuk ................................................................ 107

İÇERİK ........................................................................................ 107

HAZIRLIK .................................................................................... 107

Don's Tatlı ve Ekşi Tavuk ............................................................ 108

İÇERİK ........................................................................................ 108

HAZIRLIK .................................................................................... 109

Hafif peynirli yavaş pişirilmiş tavuk ........................................... 110

İÇERİK ........................................................................................ 110

HAZIRLIK .................................................................................... 110

Tavuklu Sade Cacciatore ............................................................ 111

İÇERİK ........................................................................................ 111

HAZIRLIK .................................................................................... 111

Tavuklu makarna için basit bir sos ............................................ 112

İÇERİK ........................................................................................ 112

HAZIRLIK .................................................................................... 112

Bademli sade tavuk ................................................................... 114

İÇERİK ........................................................................................ 114

| | |
|---|---|
| HAZIRLIK | 114 |
| Basit bir pişirme kaşığı | 116 |
| İÇERİK | 116 |
| HAZIRLIK | 116 |
| Cindy tarafından Kolay Kızarmış Tavuk Santa Fe | 118 |
| İÇERİK | 118 |
| HAZIRLIK | 118 |
| Geoff's Gravy ile Kolay Kızarmış Tavuk | 119 |
| İÇERİK | 119 |
| HAZIRLIK | 119 |
| Zencefil ve ananaslı tavuk | 120 |
| İÇERİK | 120 |
| HAZIRLIK | 120 |
| Yunan tavuğu | 120 |
| İÇERİK | 120 |
| HAZIRLIK | 121 |
| Hawaii sopaları | 122 |
| İÇERİK | 122 |
| HAZIRLIK | 122 |
| Otlar ve sebzeler ile tavuk | 123 |
| İÇERİK | 123 |

HAZIRLIK ................................................................................................ 124

otlar ve yabani pirinç ile tavuk ........................................................... 125

İÇERİK ................................................................................................... 125

HAZIRLIK ............................................................................................... 125

bal ve zencefil ile tavuk ....................................................................... 127

İÇERİK ................................................................................................... 127

HAZIRLIK ............................................................................................... 127

Tatlı patates ile bal kavrulmuş tavuk ................................................. 129

İÇERİK ................................................................................................... 129

HAZIRLIK ............................................................................................... 129

ballı hoisin tavuk .................................................................................. 131

İÇERİK ................................................................................................... 131

HAZIRLIK ............................................................................................... 131

İtalyan usulü tavuk .............................................................................. 133

İÇERİK ................................................................................................... 133

HAZIRLIK ............................................................................................... 133

Tencerede tavuk, İtalyan usulü .......................................................... 135

İÇERİK ................................................................................................... 135

HAZIRLIK ............................................................................................... 135

İtalyan Tavuklu Spagetti, Yavaş Pişirici ............................................. 137

İÇERİK ................................................................................................... 137

HAZIRLIK ................................................................................................ 137

Kolay Tavuk Straganof ........................................................................ 139

İÇERİK .................................................................................................. 139

HAZIRLIK ............................................................................................. 139

Lilly's Peynir Soslu Yavaş Pişirilmiş Tavuk ........................................ 141

İÇERİK .................................................................................................. 141

HAZIRLIK ............................................................................................. 141

Meksika usulü tavuk göğsü ................................................................ 142

İÇERİK .................................................................................................. 142

• Ek süslemeler .................................................................................... 142

HAZIRLIK ............................................................................................. 143

Paula'nın pırasalı tavuğu .................................................................... 145

İÇERİK .................................................................................................. 145

HAZIRLIK ............................................................................................. 145

Arsız Jack Daniel's Izgara Tavuk Bagetleri ....................................... 146

İÇERİK .................................................................................................. 146

• Barbekü Sosu ..................................................................................... 146

HAZIRLIK ............................................................................................. 147

Sherri's Tavuk ve Köfte ...................................................................... 149

İÇERİK .................................................................................................. 149

HAZIRLIK ............................................................................................. 149

Yavaş pişirmede basit tavuk barbeküsü ... 151

İÇERİK ... 151

HAZIRLIK ... 151

Yavaş Tencerede Tavuk Dijon ... 152

İÇERİK ... 152

HAZIRLIK ... 152

Yavaş pişirmede ızgara tavuk ... 153

İÇERİK ... 153

HAZIRLIK ... 153

Yavaş pişirmede ızgara tavuk zabatak ... 154

İÇERİK ... 154

HAZIRLIK ... 154

Yavaş Pişirilmiş Tavuk ve Sosisli Makarna Sosu ... 156

İÇERİK ... 156

HAZIRLIK ... 156

Yavaş pişirmede tavuk köri ... 158

İÇERİK ... 158

HAZIRLIK ... 158

Pilav ile yavaş pişirmede tavuk köri ... 159

İÇERİK ... 159

HAZIRLIK ... 159

Yavaş Tencerede Tavuk Enchiladas .......... 161

İÇERİK .......... 161

HAZIRLIK .......... 161

Sebzeli yavaş pişirmede tavuk fricasee .......... 163

İÇERİK .......... 163

HAZIRLIK .......... 163

Baharatlı soslu yavaş pişirilmiş tavuk .......... 165

İÇERİK .......... 165

HAZIRLIK .......... 165

Yavaş Tencerede Köri Tozlu Madras Tavuğu .......... 166

İÇERİK .......... 166

HAZIRLIK .......... 166

Yavaş pişirmede mantarlı tavuk .......... 167

İÇERİK .......... 167

HAZIRLIK .......... 167

Yavaş Pişirici Cordon Bleu .......... 169

İÇERİK .......... 169

HAZIRLIK .......... 169

Yavaş Pişirici Dijon Tavuğu .......... 171

İÇERİK .......... 171

HAZIRLIK .......... 171

Yavaş pişirmede limonlu tavuk ............................................................. 173

İÇERİK .................................................................................................. 173

HAZIRLIK ............................................................................................. 173

Yavaş pişmiş tavuk ............................................................................. 175

İÇERİK .................................................................................................. 175

HAZIRLIK ............................................................................................. 176

Füme sosis ve lahana ........................................................................ 177

İÇERİK .................................................................................................. 177

HAZIRLIK ............................................................................................. 177

İspanyol pilavlı tavuk ......................................................................... 179

İÇERİK .................................................................................................. 179

HAZIRLIK ............................................................................................. 179

Tama'nın tavuk budu ızgarada ....................................................... 181

İÇERİK .................................................................................................. 181

HAZIRLIK ............................................................................................. 181

Tamino Kızarmış Tavuk Mozzarella ................................................ 182

İÇERİK .................................................................................................. 182

HAZIRLIK ............................................................................................. 182

Beyaz biberli tavuk eti ....................................................................... 183

İÇERİK .................................................................................................. 183

HAZIRLIK ............................................................................................. 183

Yavaş pişirmede tavuk ve siyah fasulye ..................................................184

İÇERİK..................................................184

HAZIRLIK ..................................................184

Tavuk ve sos, yavaş ocak ..................................................186

İÇERİK..................................................186

HAZIRLIK ..................................................186

Tavuk ve mantar, yavaş ocak ..................................................187

İÇERİK..................................................187

HAZIRLIK ..................................................187

Tavuk ve Parmesan pirinci, Yavaş Pişirme ..................................................189

İÇERİK..................................................189

HAZIRLIK ..................................................189

tavuk ve karides ..................................................190

İÇERİK..................................................190

HAZIRLIK ..................................................190

tavuk ve dolma tarifi ..................................................192

İÇERİK..................................................192

HAZIRLIK ..................................................192

Kremalı creole soslu tavuk göğsü ..................................................194

İÇERİK..................................................194

HAZIRLIK ..................................................194

hominy ile tavuk biber ............................................................................. 196

İÇERİK ........................................................................................................ 196

HAZIRLIK .................................................................................................... 196

tavuk lezzetli ............................................................................................. 197

İÇERİK ........................................................................................................ 197

HAZIRLIK .................................................................................................... 197

Yavaş Tencerede Tavuk Enchiladas ........................................................ 199

İÇERİK ........................................................................................................ 199

HAZIRLIK .................................................................................................... 199

tavuk las vegas ......................................................................................... 200

İÇERİK ........................................................................................................ 200

HAZIRLIK .................................................................................................... 200

Yavaş Pişirilmiş Tavuk Parisienne .......................................................... 201

İÇERİK ........................................................................................................ 201

HAZIRLIK .................................................................................................... 201

Tavuk Reuben Güveç, Yavaş Pişirici ...................................................... 202

İÇERİK ........................................................................................................ 202

HAZIRLIK .................................................................................................... 202

kızılcıklı tavuk ........................................................................................... 203

İÇERİK ........................................................................................................ 203

HAZIRLIK .................................................................................................... 203

Soslu ve Soslu Tavuk, Yavaş Pişirici ........................................................... 205

İÇERİK ............................................................................................................ 205

HAZIRLIK ....................................................................................................... 205

Makarna ve füme gouda peynirli tavuk ..................................................... 207

İÇERİK ............................................................................................................ 207

HAZIRLIK ....................................................................................................... 207

İnci soğanlı mantarlı tavuk, yavaş ocak .................................................... 209

İÇERİK ............................................................................................................ 209

HAZIRLIK ....................................................................................................... 209

ananaslı tavuk ............................................................................................... 210

İÇERİK ............................................................................................................ 210

HAZIRLIK ....................................................................................................... 210

Ülke Kaptan Tavuk ........................................................................................ 212

İÇERİK ............................................................................................................ 212

HAZIRLIK ....................................................................................................... 213

Bahçede tavuk ve mantar ............................................................................ 214

İÇERİK ............................................................................................................ 214

HAZIRLIK ....................................................................................................... 214

kızılcıklı tavuk ................................................................................................ 215

İÇERİK ............................................................................................................ 215

HAZIRLIK ....................................................................................................... 215

## Tavuklu Erişte, Yavaş Pişirici

### İÇERİK

- 2 çay kaşığı granül veya et suyu tavuk suyu
- 1 yemek kaşığı kıyılmış taze maydanoz
- 3/4 çay kaşığı kümes hayvanı baharatı
- 1/3 fincan. doğranmış Kanada pastırması veya tütsülenmiş jambon
- İnce dilimler halinde kesilmiş 2 ila 3 havuç
- İnce dilimler halinde kesilmiş 2 kereviz sapı
- İnce dilimler halinde kesilmiş 1 küçük soğan
- 1/4 fincan. Bu
- 1 derin yağda kızartılmış tavuk (yaklaşık 3 pound), doğranmış
- 1 (10 3/4 oz.) yoğunlaştırılmış çedar peyniri çorbası
- 1 yemek kaşığı çok amaçlı un
- 1 (16 oz.) paket. büyük yumurtalı erişte, pişmiş ve süzülmüş
- 2 yemek kaşığı dilimlenmiş yenibahar
- 2 yemek kaşığı rendelenmiş Parmesan peyniri

## HAZIRLIK

1. Küçük bir kapta tavuk suyu veya et suyu, kıyılmış maydanoz ve tavuk baharatını karıştırın; bir kenara bırak

2. Kanada pastırmasını veya jambonunu, havuçları, kerevizi ve soğanı yavaş pişiriciye koyun. Su ekle.

3. Tavuğun derisini ve fazla yağını alın; durulayın ve kurulayın. Tavuğun yarısını yavaş tencereye koyun. Ayrı baharat karışımının yarısını serpin. Kalan tavuğu üstüne koyun ve kalan baharat karışımını serpin.

4. Çorba ve unu karıştırıp tavuğun üzerine dökün; Karıştırma.

5. Örtün ve YÜKSEK ayarda 3 ila 3 1/2 saat veya Düşük ayarda 6 ila 8 saat veya tavuk yumuşayana ve tavuk suları berraklaşana kadar pişirin.

6. Sıcak pişmiş erişteleri 2 ila 2 1/2-quart tavuk geçirmez servis tabağına koyun. Tavukları erişetelerin üzerine dizin. Çorba karışımını ve sebzeleri bir araya gelene kadar tencerede karıştırın. Tavuğun üzerine sebze ve biraz sıvı dökün. Dilimlenmiş kırmızı biber ve Parmesan peyniri serpin.

7. Isı kaynağından 4 ila 6 inç 5 ila 8 dakika veya hafifçe kızarana kadar pişirin.

8. İstenirse, bir dal maydanozla süsleyin.

9. Alp tavuğu tarifi 4 ila 6 kişiliktir.

*soğanlı tavuk*

## İÇERİK

- İnce dilimler halinde kesilmiş 4 büyük soğan
- 5 diş kıyılmış sarımsak
- 1/4 bardak limon suyu
- 1 çay kaşığı tuz
- 1/4 çay kaşığı acı biber (veya isterseniz daha fazla)
- 4 ila 6 donmuş kemiksiz tavuk göğsü, buzunu çözmeye gerek yok
- sıcak haşlanmış pirinç

## HAZIRLIK

1. Pirinç hariç tüm malzemeleri Crock Pot'a koyun. İyice karıştırın. 4 ila 6 saat veya tavuk tamamen pişene ve hala yumuşayana kadar DÜŞÜK olarak pişirin.

2. Pirinçle servis yapın.

## *Maydanozlu tavuk köfte*

### İÇERİK

- 4 ila 6 derisiz yarım tavuk göğsü
- 1 adet tuz, karabiber, kuru kekik, mercanköşk ve kırmızı biber
- 1 büyük soğan, dilimlenmiş, bölünmüş
- Dilimler halinde kesilmiş 2 pırasa
- 4 havuç, daha büyük parçalar halinde kesilmiş
- 1 diş kıyılmış sarımsak
- 1 bardak tavuk suyu
- 1 yemek kaşığı mısır nişastası
- 1 kutu (10 3/4 ons) yoğunlaştırılmış kremalı tavuk çorbası
- 1/2 bardak sek beyaz şarap
- Köfte
- 1 bardak Bisquick
- 8 yemek kaşığı süt
- 1 çay kaşığı kuru maydanoz yaprağı
- bir tutam tuz
- acı biber
- kısa biber

### HAZIRLIK

1. Tavuğu tuz, karabiber, kekik, mercanköşk ve kırmızı biber serpin. Fırın kabının dibine yarım soğan, pırasa ve havucu koyun. Tavuğu sebzelerin üzerine yayın. Doğranmış sarımsağı tavuğun üzerine serpin, ardından kalan soğan dilimlerini ekleyin. 1 çorba kaşığı mısır nişastasını 1 su bardağı tavuk suyunda eritin, ardından kremalı tavuk çorbası ve şarapla karıştırın. YÜKSEK'te yaklaşık 3 saat veya DÜŞÜK'te yaklaşık 6 saat pişirin (DÜŞÜK'te pişiriyorsanız, köfteler eklendiğinde YÜKSEK'i açın).

2. Tavuk yumuşak olmalı ama kuru olmamalıdır.

3. **Köfte:** 1 su bardağı bisküvi, yaklaşık 8 yemek kaşığı süt, maydanoz, tuz, karabiber ve kırmızı biberi karıştırın; Son 35 ila 45 dakikalık pişirme sırasında topları şekillendirin ve tavuk karışımının üzerine yerleştirin.

4. 4 ila 6 kişi için.

## İnci soğan ve mantarlı tavuk

### İÇERİK

- 1 inçlik parçalar halinde kesilmiş 4 ila 6 kemiksiz yarım tavuk göğsü

- 1 kutu (10 3/4 ons) kremalı tavuk veya kremalı tavuk ve mantar çorbası

- 8 ons dilimlenmiş mantar

- 1 torba (16 ons) donmuş inci soğan

- tadına göre biber ve tuz

- süslemek için kıyılmış maydanoz

### HAZIRLIK

1. Tavuğu yıkayın ve kurutun. Yaklaşık 1/2 ila 1 inçlik parçalar halinde kesin ve büyük bir kaseye yerleştirin. Et suyu, mantar ve soğan ekleyin; birleştirmek için karıştırın. Yavaş pişiriciyi pişirme spreyi ile püskürtün.

2. Tavuk karışımını fırına dayanıklı bir kaba dökün ve tuz ve karabiber ekleyin.

3. Bir kaynamaya getirin ve mümkünse pişirme süresinin yaklaşık yarısında karıştırarak 6 ila 8 saat DÜŞÜK olarak pişirin.

4. İstenirse, taze kıyılmış maydanozla süsleyin ve sıcak haşlanmış pirinç veya patates ile servis yapın.

5. 4 ila 6 kişi için.

*ananaslı tavuk*

## İÇERİK

- 1 ila 1 1/2 pound tavuk eti, 1 inçlik parçalar halinde kesilmiş
- 2/3 su bardağı ananas reçeli
- 1 yemek kaşığı artı 1 çay kaşığı teriyaki sosu
- İnce dilimlenmiş 2 diş sarımsak
- 1 yemek kaşığı kuru doğranmış soğan (veya 1 demet taze taze soğan, doğranmış)
- 1 yemek kaşığı limon suyu
- 1/2 çay kaşığı öğütülmüş zencefil
- tatmak için acı kırmızı biber
- 1 paket (10 ons) şeker bezelye, çözülmüş

## HAZIRLIK

1. Tavuk parçalarını yavaş pişiriciye/güveç tenceresine koyun.

2. Reçel, teriyaki sosu, sarımsak, soğan, limon suyu, zencefil ve kırmızı biberi karıştırın; iyice karıştırın. Tavuğun üzerine kaşıkla.

3. Örtün ve 6 ila 7 saat kısık ateşte pişirin. Son 30 dakikada bezelyeleri ekleyin.

4. Servis 4.

*tavuk ve pilav ile güveç*

## İÇERİK

- 4 ila 6 büyük, kemiksiz, derili tavuk göğsü
- 1 kutu kremalı tavuk çorbası
- 1 kutu kremalı kereviz çorbası
- 1 kutu kremalı mantar çorbası
- 1/2 su bardağı kıyılmış kereviz
- 1 ila 1 1/2 bardak pişmiş pirinç

## HAZIRLIK

1. Yavaş bir ocakta 3 kutu çorba ve pirinci karıştırın. Tavuğu karışımın üzerine koyun ve doğranmış kerevizi ekleyin. En yüksek sıcaklıkta 3 saat veya düşük sıcaklıkta yaklaşık 6-7 saat pişirin.

2.4 4 ila 6 porsiyon için.

*baharatlı tavuk*

## İÇERİK

- 1 inçlik parçalar halinde kesilmiş 6 kemiksiz yarım tavuk göğsü
- 1 su bardağı doğranmış soğan
- 1 su bardağı kıyılmış kırmızı biber
- 2 diş sarımsak
- 2 yemek kaşığı. sebze yağı
- 2 kutu pişmiş Meksika domatesi (her biri yaklaşık 15 ons)
- 1 kutu sıcak fasulye
- 2/3 su bardağı picante sosu
- 1 çay kaşığı. biber tozu
- 1 çay kaşığı. Kim
- 1/2 çay kaşığı. Tuz

## HAZIRLIK

1. Tavuğu, soğanı, biberi, sarımsağı bitkisel yağda sebzeler soluncaya kadar soteleyin. Yavaş pişiriciye aktarın; Kalan malzemeleri ekleyin. Örtün ve 4 ila 6 saat DÜŞÜK olarak pişirin. Pirinçle servis yapın.

2,4 ila 6 kişi.

*Çin tavuğu ve sebzeleri*

## İÇERİK

- 1 ila 1 1/2 pound kemiksiz tavuk göğsü
- 2 su bardağı iri kıyılmış lahana
- 1 orta boy soğan, büyük parçalar halinde doğranmış
- 1 orta boy kırmızı dolmalık biber, daha büyük parçalar halinde doğranmış
- Tavuk salatası için 1 paket Kikkoman çeşnisi
- 1 yemek kaşığı kırmızı şarap sirkesi
- 2 çay kaşığı bal
- 1 yemek kaşığı soya sosu
- 1 su bardağı dondurulmuş karışık doğu sebzesi
- 2 yemek kaşığı mısır nişastası
- 1 yemek kaşığı soğuk su

## HAZIRLIK

1. Tavuğu 1 1/2 inç parçalar halinde kesin. İlk 8 malzemeyi yavaş pişiriciye koyun; iyice karıştırın. Örtün ve 5 ila 7 saat kısık ateşte pişirin. Mısır nişastası ve soğuk suyu karıştırın; Sebzeleri ekleyin ve sebzeler yumuşayana kadar 30 ila 45 dakika daha pişirin.

2,4 ila 6 kişi.

## *Pirinçli Cornish Oyunu tavukları*

### İÇERİK

- 2 adet Cornish geyik eti
- 1/2 su bardağı tavuk suyu
- Tat vermek için tuz ve limon biberi
- sıcak haşlanmış pirinç

### HAZIRLIK

1. Cornish tavuğu yavaş pişiriciye koyun (tercih ederseniz tavuğu önce hafifçe yağlanmış bir tavada kızartın). Tavuk suyunu ekleyin. Tavuğu tuz ve limon biberi ile serpin. 7 ila 9 saat DÜŞÜK olarak pişirin. Tavuğu ve yağsız yağı çıkarın; 1 1/2 yemek kaşığı mısır nişastası ve 1 yemek kaşığı soğuk su karışımıyla suyu koyulaştırın. Sıcak haşlanmış pirinçle servis yapın. 2 kişi için.

## *Kuru üzüm soslu Cornish tavuk*

### İÇERİK

- 1 paket (6 ons) iç malzeme, belirtildiği şekilde hazırlanır
- 4 Cornish oyunu
- tuz ve biber
- .
- Üzüm sosu
- 1 kavanoz (10 ons) frenk üzümü jölesi
- 1/2 su bardağı kuru üzüm
- 1/4 fincan tereyağı
- 1 yemek kaşığı limon suyu
- 1/4 çay kaşığı yenibahar

### HAZIRLIK

1. Hazırladığınız iç harcı tavukların içini doldurun; tuz ve karabiber serpin. Tavuğun meyve sularına ıslanmasını önlemek için yavaş pişiriciye bir metal levha veya buruşuk bir streç film parçası yerleştirin. Derin, dar bir tencere kullanıyorsanız, Cornish tavuklarını boyun aşağı yerleştirin. 1 litrelik bir tencerede jöle,

kuru üzüm, tereyağı, limon suyu ve yenibaharı karıştırın. Kısık ateşte karıştırarak, tamamen ısınana ve kaynayana kadar pişirin. Sosun bir kısmını tenceredeki tavuğun üzerine yayın.

2. Kalan sosu servis yapana kadar soğutun. Örtün ve 5 ila 7 saat DÜŞÜK olarak pişirin, pişirmeden yaklaşık bir saat önce bir kez basın. Kalan sosu kaynatın ve servis yaparken tavuğun üzerine kaşıkla dökün.

3.4 porsiyon için.

## Country Captain Tavuk göğsü

### İÇERİK

- 2 orta boy Granny Smith elması, kabuksuz ve zarsız (soyulmamış)

- 1/4 su bardağı ince kıyılmış soğan

- 1 küçük yeşil dolmalık biber, çekirdekleri temizlenmiş ve ince doğranmış

- 3 diş kıyılmış sarımsak

- 2 yemek kaşığı kuru üzüm veya kuş üzümü

- 2 ila 3 çay kaşığı köri tozu

- 1 çay kaşığı öğütülmüş zencefil

- 1/4 çay kaşığı öğütülmüş kırmızı biber veya tadı

- 1 kutu (yaklaşık 14 1/2 oz.) doğranmış domates

- 6 kemiksiz, derisiz tavuk göğsü

- 1/2 su bardağı tavuk suyu

- 1 su bardağı işlenmiş uzun taneli beyaz pirinç

- 1 pound orta ila büyük karides, kabuklu ve devein, istenildiği gibi pişmemiş

- 1/3 su bardağı rendelenmiş badem

- koşer tuzu

- kıyılmış maydanoz

## HAZIRLIK

1. 4 ila 6 litrelik yavaş pişiricide doğranmış elma, soğan, biber, sarımsak, altın kuru üzüm veya kuş üzümü, köri tozu, zencefil ve öğütülmüş biberi karıştırın; domatesleri karıştırın.

2. Tavuğu, parçalar hafifçe üst üste gelecek şekilde domates karışımının üzerine koyun. Tavuk suyunu tavuk göğsü yarımlarının üzerine dökün. Örtün ve tavuk bir çatalla delinene kadar yaklaşık 4 ila 6 saat kadar DÜŞÜK olarak pişirin.

3. Tavuğu ılık bir tabağa alın, üzerini gevşek bir şekilde kapatın ve 200°F'de fırında veya ısıtma çekmecesinde sıcak tutun.

4. Pirinci pişirme sıvısına karıştırın. Isıyı yükseğe yükseltin; Örtün ve pirinç neredeyse yumuşayana kadar yaklaşık 35 dakika bir veya iki kez karıştırarak pişirin. Kullanıyorsanız karidesle karıştırın; örtün ve karidesin merkezi opak olana kadar yaklaşık 15 dakika daha pişirin; Test etmek için kesin.

5. Bu arada bademleri küçük bir yapışmaz tavada orta ateşte ara sıra karıştırarak altın rengi olana kadar kızartın. Bir kenara bırak.

6. Servis yapmadan önce pirinç karışımını tuzlayın. Sıcak servis tabağına dökün; Üzerine tavukları dizin. Maydanoz ve badem serpin.

## *Bahçede tavuk ve mantar*

### İÇERİK

- 1 kavanoz köy sosu
- 4 ila 6 tavuk göğsü
- 8 ons dilimlenmiş mantar
- tadına göre biber ve tuz

### HAZIRLIK

1. Tüm malzemeleri birleştirin; Örtün ve 6 ila 7 saat kısık ateşte pişirin. Pirinç veya erişte ile servis yapın.

2,4 ila 6 kişi.

## *Ülke Kulübü Tavuğu*

### *İÇERİK*

- 5 elma, soyulmuş, çekirdekleri çıkarılmış ve doğranmış

- 6 ila 8 yeşil soğan, dilimlenmiş

- 1 lb tavuk budu, kemiksiz, derisi alınmış, tüm yağları alınmış, 2 inçlik küpler halinde kesilmiş

- 6 ila 8 ons dilimlenmiş İsviçre peyniri

- 1/4 bardak sütle iyice karıştırılmış 1 kutu (10 1/2 ons) kremalı tavuk çorbası

- 1 kutu (6 ons) Pepperidge Farm Elmalı Üzüm Doldurma veya en sevdiğiniz doldurma karışımını kullanın

- 1/4 su bardağı eritilmiş tereyağı

- 3/4 bardak elma suyu

### *HAZIRLIK*

1. Malzemeleri yukarıdakiyle aynı sırayla 3-1/2 ila 5 quart yavaş pişiriciye yerleştirin. Çorba karışımını peynir katmanının üzerine

dökün, üzerini tereyağı ile kaplayın ve son olarak sıvının tüm ekmeği ıslattığından emin olarak elma suyunu gezdirin.

2. Örtün ve YÜKSEK ayarda 1 saat ve DÜŞÜK ayarda 4 ila 5 saat daha pişirin.

3. Rose-Marie'nin notu:

4. Hiçbir şey yapmadan yedik ama sade pilav ile servis etmenizi tavsiye ederim çünkü harika bir sos ve iç harcı tabakta kayboluyor.

## *kızılcıklı tavuk*

### İÇERİK

- 4 ila 6 kemiksiz, derisiz yarım tavuk göğsü
- 1 kutu bütün kızılcık sosu
- 2/3 su bardağı biber sosu
- 2 yemek kaşığı elma sirkesi
- 2 yemek kaşığı esmer şeker
- 1 paket kuru (Lipton) soğan çorbası karışımı

### HAZIRLIK

1. Tavuk göğüslerini yavaş pişiriciye/güveç tenceresine koyun. Kalan malzemeleri birleştirin; Yavaş pişiriciye/güveç tenceresine tavuk ekleyin, iyice kaplayın. Örtün ve 6 ila 8 saat kısık ateşte pişirin.

2,4 ila 6 kişi.

## kızılcıklı tavuk II

### İÇERİK

- 2 kg kemiksiz, derisiz tavuk göğsü
- 1/2 bardak doğranmış soğan
- 2 çay kaşığı bitkisel yağ
- 2 çay kaşığı tuz
- 1/2 çay kaşığı öğütülmüş tarçın
- 1/4 çay kaşığı öğütülmüş zencefil
- 1/8 çay kaşığı öğütülmüş hindistancevizi
- yenibaharı rendeleyin
- 1 bardak portakal suyu
- 2 çay kaşığı ince rendelenmiş portakal kabuğu
- 2 su bardağı taze veya dondurulmuş kızılcık
- 1/4 su bardağı esmer şeker

### HAZIRLIK

1. Tavuk ve soğan parçalarını yağda kızartın; tuz serpin.
2. Kızarmış tavuk, soğan ve diğer malzemeleri tencereye ekleyin.
3. Örtün ve 5 1/2 ila 7 saat DÜŞÜK olarak pişirin.

4. İstenirse, pişirmenin sonuna doğru, 2 yemek kaşığı soğuk suyla karıştırılmış yaklaşık 2 yemek kaşığı mısır nişastası karışımıyla suyu koyulaştırın.

## Krem peynirli tavuk

### İÇERİK

- 3 ila 3 1/2 kilo tavuk parçası
- 2 yemek kaşığı eritilmiş tereyağı
- tadına göre biber ve tuz
- 2 yemek kaşığı kuru İtalyan salata sosu
- 1 kutu (10 3/4 ons) kremalı mantar çorbası
- 8 ons krem peynir, doğranmış
- 1/2 bardak sek beyaz şarap
- 1 yemek kaşığı doğranmış soğan

### HAZIRLIK

1. Tavuğu tereyağ ile yayın ve üzerine tuz ve karabiber serpin. Yavaş pişirilmiş ve kuru sos karışımını üstüne serpin.

2. Örtün ve 6 ila 7 saat veya tavuk yumuşayana ve tamamen pişene kadar kısık ateşte pişirin.

3. Pişirmeden yaklaşık 45 dakika önce çorba, krem peynir, şarap ve soğanı küçük bir tencerede karıştırın. Pürüzsüz ve kabarcıklı olana kadar pişirin.

4. Tavuğun üzerine dökün, üzerini kapatın ve 30 ila 45 dakika daha pişirin.

5. Tavuğu sosla birlikte servis edin.

6. 4 ila 6 kişi için.

### Kremalı tavuk ve enginar

#### İÇERİK

- 2 ila 3 su bardağı pişmiş doğranmış tavuk

- 2 su bardağı donmuş çeyrek enginar veya 1 kutu (yaklaşık 15 ons), süzülmüş

- 2 ons doğranmış yenibahar, süzülmüş

- 1 kavanoz (16 ons) Alfredo sosu

- 1 çay kaşığı tavuk veya et suyu

- 1/2 çay kaşığı kuru fesleğen

- 1/2 çay kaşığı granül veya toz sarımsak

- İsteğe göre 1 çay kaşığı kuru maydanoz

- tadına göre biber ve tuz

- 8 ons spagetti, istenirse pişirilir ve süzülür

#### HAZIRLIK

1. Yarım kilo tavuk filetoyu biraz limon ve sarımsakla suda pişiriyorum ama siz haşlanmış tavuk göğsü veya artık tavuk da kullanabilirsiniz. Tüm malzemeleri bir kapta karıştırın; Örtün ve 4 ila 6 saat kısık ateşte pişirin. Sıcak pişmiş makarnayı karıştırın

veya pilav veya makarna için sos olarak kullanın. Bu yavaş pişirilmiş tavuk ve enginar tarifi 4 ila 6 kişiye hizmet vermektedir.

## Kremalı İtalyan Tavuğu

### İÇERİK

- 4 kemiksiz ve derisiz tavuk göğsü

- 1 zarf İtalyan salata sosu karışımı

- 1/3 bardak su

- 1 paket (8 oz.) krem peynir, yumuşatılmış

- 1 kutu (10 3/4 oz.) yoğunlaştırılmış tavuk suyu kreması, seyreltilmemiş

- 1 konserve mantar sapı ve parçaları, süzülmüş

- Sıcak haşlanmış pirinç veya erişte

### *HAZIRLIK*

1. Yarım tavuk göğsünü yavaş pişiriciye koyun. Salata sosu karışımını ve suyu birleştirin; Tavuğun üzerine dökün. Örtün ve 3 saat DÜŞÜK olarak pişirin. Küçük bir karıştırma kabında krem peynir ve çorbayı birleşene kadar çırpın. Mantarları karıştırın. Krem peynir karışımını tavukların üzerine dökün. 1 ila 3 saat daha uzun veya tavuk suları berraklaşana kadar pişirin. İtalyan tavuğunu pilav veya sıcak erişte ile servis edin.

2. Servis 4.

*Kreol tavuğu*

İÇERİK

- 1 adet kavrulmuş tavuk, küp şeklinde doğranmış, yaklaşık 3 kilo tavuk parçası
- 1 yeşil biber, doğranmış
- 6 baş taze soğan, yaklaşık 1 demet doğranmış
- 1 konserve (14,5 ons) domates, suyu çıkarılmamış, doğranmış
- 1 kutu (6 ons) domates salçası
- 4 ons doğranmış pişmiş jambon
- 1 çay kaşığı tuz
- Şişede birkaç damla acı biber sosu, örneğin Tabasco
- 1/2 pound dilimlenmiş tütsülenmiş sosis, andouille, kielbasa vb.
- 3 su bardağı pişmiş pirinç

HAZIRLIK

1. Yavaş bir tencerede tavuk, biber, soğan, domates, salça, jambon, tuz ve biber sosunu karıştırın.

2. Örtün ve 6 saat kısık ateşte pişirin. Regülatörü yükseğe getirin ve sucuğu ve pişmiş pirinci ekleyin. Örtün ve 20 dakika daha yüksek ateşte pişirin.

## Sosisli Kreol Tavuğu

### İÇERİK

- 1 1/2 kilo kemiksiz tavuk budu, parçalara ayrılmış
- 1-2 inçlik parçalar halinde kesilmiş 12 ons tütsülenmiş andouille sosis
- 1 su bardağı doğranmış soğan
- 3/4 su bardağı tavuk suyu veya su
- 1 kutu (14,5 ons) doğranmış domates
- 1 kutu (6 ons) domates salçası
- 2 çay kaşığı Cajun veya Creole çeşnisi
- tadına göre acı biber
- 1 yeşil biber, doğranmış
- tadına göre biber ve tuz
- sıcak pişmiş beyaz veya kahverengi pirinç veya pişmiş süzülmüş spagetti

### HAZIRLIK

1. Yavaş bir ocakta tavuk butlarını, veouille sosis parçalarını, doğranmış soğanı, et suyunu veya et suyunu, domatesleri (sularıyla birlikte), salçayı, Creole baharatlarını ve kırmızı biberi birleştirin.

2. Tavuk ve sosis karışımını DÜŞÜK ayarda kapatın ve 6 ila 7 saat pişirin. Yemek pişmeden yaklaşık bir saat önce doğranmış yeşil biberi ekleyin. Tadın ve gerektiği gibi tuz ve karabiber ekleyin.

3. Bu lezzetli tavuk ve sosis yemeğini sıcak pişmiş pirinç veya spagetti veya melek kılı makarna ile servis edin.

4. 6 kişilik.

## *Bir tencerede tavuk ve enginar*

### İÇERİK

- 3 kg tavuk parçaları, kızartılmış, doğranmış
- tatmak için tuz
- 1/2 çay kaşığı biber
- 1/2 çay kaşığı kırmızı biber
- 1 yemek kaşığı tereyağı
- 2 kavanoz marine edilmiş enginar, kalp; Deniz Rezervi
- 1 konserve (4 ons) mantar, süzülmüş
- 2 yemek kaşığı çabuk pişen tapyoka
- 1/2 su bardağı tavuk suyu
- 3 yemek kaşığı kuru şeri veya daha fazla tavuk suyu
- 1/2 çay kaşığı kurutulmuş tarhun

### HAZIRLIK

1. Tavuğu yıkayın ve kurutun. Tavuğu tuz, karabiber ve kırmızı biberle baharatlayın. Orta ateşte büyük bir tavada ayrı ayrı kızartılmış tavuk ve enginarları tereyağında marine edin.

2. Mantarları ve enginar kalplerini yavaş pişiricinin dibine yerleştirin. Tapyoka serpin. Kızarmış tavuk parçalarını ekleyin. Tavuk suyu ve şeri dökün. Tarhun ekleyin. Örtün ve DÜŞÜK

ayarda 7 ila 8 saat veya YÜKSEK ayarda 3 1/2 ila 4 1/2 saat pişirin.

3. Servis 4.

## *Tavuk güveç ve sos*

### İÇERİK

- 4 kemiksiz, derisiz + yarım tavuk göğsü
- tatlandırmak için tuz ve taze çekilmiş karabiber
- 4 dilim İsviçre peyniri
- 1 kutu (10 3/4 ons) yoğunlaştırılmış kremalı tavuk çorbası
- 1 kutu (10 3/4 ons) yoğunlaştırılmış kremalı mantar çorbası veya kremalı kereviz
- 1 bardak tavuk suyu
- 1/4 su bardağı süt
- Otlarla tatlandırılmış iç malzeme için 3 su bardağı kırıntı
- 1/2 su bardağı eritilmiş tereyağı

### HAZIRLIK

1. Tavuk göğsünü tuz ve karabiberle tatlandırın ve yavaş pişiriciye koyun. Tavuk suyunu tavuk göğsünün üzerine dökün. Her göğsün üzerine bir dilim İsviçre peyniri koyun.

2. İki kutu çorba ve sütü bir kapta karıştırın; iyice karıştırın. Çorba karışımını tavukların üzerine dökün. Hepsini doldurma karışımı ile serpin. Doldurma tabakasının üzerine eritilmiş tereyağını gezdirin.

3. Kapağı kapatın ve 5 ila 7 saat kısık ateşte pişirin.

4. **Not**: Tavuk göğsü fazla pişirildiğinde çok yağsız ve kuru olur.

5. Ocağınıza bağlı olarak, tavuk 4 saat veya daha kısa sürede mükemmel şekilde pişirilebilir. Daha uzun pişirme süresi için kemiksiz tavuk budu içeren bir tarif deneyin.

## Hot Pot Chicken Enchilada Sıcak bir yemek

### İÇERİK

- 9 mısır ekmeği, 6 inç

- 1 kutu (12 ila 16 ons) bütün mısır biberi, süzülmüş

- 2 ila 3 su bardağı pişmiş doğranmış tavuk

- 1 çay kaşığı kırmızı biber

- 1/4 çay kaşığı karabiber

- 1/2 çay kaşığı tuz veya tadı

- 1 konserve (4 ons) doğranmış yeşil biber, hafif

- 2 su bardağı rendelenmiş karışık Meksika peyniri veya hafif çedar peyniri

- 2 kutu (her biri 10 ons) enchilada sosu

- 1 kutu (15 ons) siyah fasulye, durulanmış ve süzülmüş

- guacamole ve ekşi krema

### HAZIRLIK

1. Yavaş pişiriciye yapışmaz pişirme spreyi sıkın.

2. Yavaş pişiricinin tabanına 3 somun ekmek koyun.

3. Yarısı mısır ekmeği, yarısı tavuk, yarısına yakın baharat ve yarısı acı biber.

4. Rendelenmiş peynirin yarısını serpin ve peynirin üzerine yaklaşık 3/4 fincan enchilada sosu dökün.

5. 3 tortilla, siyah fasulye, kalan tavuk, baharatlar, acı biber ve peynir ile tekrarlayın.

1. Kalan ekmeği ve enchilada sosu üzerine dökün.

2. Örtün ve 5 ila 6 saat DÜŞÜK olarak pişirin.

3. Guacamole ve ekşi krema ile servis yapın.

4. 6 ila 8 kişi için.

## Kızarmış tavuk enchiladas

### İÇERİK

- 1 büyük kutu (19 ons) enchilada sosu
- 6 kemiksiz tavuk göğsü
- 2 kutu kremalı tavuk çorbası
- 1 küçük kutu dilimlenmiş siyah zeytin
- 1/2 bardak doğranmış soğan
- 1 kutu (4 ons) doğranmış hafif acı biber
- 16 ila 20 mısır ekmeği
- 16 ons rendelenmiş keskin Çedar peyniri

### HAZIRLIK

1. Tavuğu pişirin ve dilimleyin. Çorba, zeytin, acı biber ve soğanı ilave edip karıştırın. Ekmeği dilimler halinde kesin. Üzerine sos, tortilla, çorba karışımı, tavuk ve peynirli karışımı dizin ve peynirle bitirin. Örtün ve 5 ila 7 saat DÜŞÜK olarak pişirin.

2. 8-10 kişi

## Bir tavada tavuk ekmeği

### İÇERİK

- 4 su bardağı pişmiş tavuk, öğütülmüş veya ısırık büyüklüğünde parçalar halinde kesilmiş
- 1 kutu kremalı tavuk çorbası
- 1/2 c. yeşil biber salsa
- 2 yemek kaşığı. hızlı pişirme tapyoka
- 1 orta. Soğan, doğranmış
- 1 1/2 c. rendelenmiş peynir
- 12 ila 15 mısır ekmeği
- Siyah zeytin
- 1 doğranmış domates
- 2 yemek kaşığı kıyılmış taze soğan
- dekorasyon için ekşi krema

### HAZIRLIK

1. Tavuğu çorba, acılı salsa ve tapyoka ile karıştırın. 3 mısır ekmeğini ve Crock Pot'un altını ısırık büyüklüğünde parçalar halinde kesin. Tavuk karışımının 1/3'ünü ekleyin. Soğanın 1/3'ünü ve rendelenmiş peynirin 1/3'ünü serpin. Tavuk, soğan ve peynir karışımı ile doldurulmuş tortilla katmanlarını tekrarlayın. Örtün ve düşükte 6 ila 8 saat veya yüksekte 3 saat pişirin.

Dilimlenmiş siyah zeytin, doğranmış domates, taze soğan ve istenirse ekşi krema ile süsleyin.

*güveç güveç*

## İÇERİK

- 1 pound kurutulmuş lacivert fasulye, durulanmış
- 4 bardak su
- 1 inçlik parçalar halinde kesilmiş 4 derisiz, kemiksiz tavuk göğsü
- 8 ons pişmiş jambon, 1 inçlik parçalar halinde kesilmiş
- 3 büyük havuç, ince dilimlenmiş
- 1 su bardağı doğranmış soğan
- 1/2 su bardağı dilimlenmiş kereviz
- 1/4 su bardağı sıkıca paketlenmiş esmer şeker
- 1/2 çay kaşığı tuz
- 1/4 çay kaşığı kuru hardal
- 1/4 çay kaşığı biber
- 1 kutu (8 ons) domates sosu
- 2 yemek kaşığı pekmez

## HAZIRLIK

2. Fasulyeleri fırında veya büyük bir su ısıtıcısında geceden 4 bardak suda bekletin.

3. Fasulyelerin üzerini kapatın ve gerekirse biraz daha su ekleyerek yumuşayana kadar yaklaşık 1 1/2 saat kısık ateşte pişirin.

4. Fasulyeleri ve sıvıyağı tencereye koyun. Kalan malzemeleri ekleyin; iyice karıştırın.

5. Örtün ve sebzeler yumuşayana kadar 7 ila 9 saat DÜŞÜK olarak pişirin.

6. 6 ila 8 kişi için.

## Bir tencerede tavuk ve otlardan yapılmış köfte

### İÇERİK

- 3 kg derisiz tavuk parçaları
- tuz ve biber
- 1/4 su bardağı doğranmış soğan
- 10 küçük baş sarımsak
- 2 diş kıyılmış sarımsak
- 1/4 çay kaşığı öğütülmüş mercanköşk
- 1/2 çay kaşığı kuru kekik, ezilmiş
- 1 defne yaprağı
- 1/2 bardak sek beyaz şarap
- 1 bardak süt kreması
- 1 su bardağı bisküvi karışımı
- 1 yemek kaşığı kıyılmış maydanoz
- 6 yemek kaşığı süt

### HAZIRLIK

1. Tavuğu tuz ve karabiberle tatlandırın, yavaş bir tencereye veya tencereye koyun. Bütün soğanları tencereye koyun. Sarımsak, mercanköşk, kekik, defne yaprağı ve şarap ekleyin. Örtün ve 5 ila 6 saat kısık ateşte pişirin. Defne yaprağını çıkarın. Ekşi krema ile karıştırın. Isıyı artırın ve bisküvi karışımını

maydanozla birleştirin. Sütü iyice nemlenene kadar bisküvi karışımına karıştırın. Köfteleri kaşıkla tencerenin kenarına bırakın. Kapağını kapatın ve köfteler pişene kadar 30 dakika daha yüksek ateşte pişirmeye devam edin.

*Bir tavada ızgara tavuk*

## İÇERİK

- 2 kemiksiz ve derisiz tavuk göğsü
- 1 1/2 su bardağı ketçap
- 3 yemek kaşığı esmer şeker
- 1 yemek kaşığı Worcestershire sosu
- 1 yemek kaşığı soya sosu
- 1 yemek kaşığı elma sirkesi
- 1 çay kaşığı öğütülmüş kırmızı acı biber veya tadı
- 1/2 çay kaşığı sarımsak tozu

## HAZIRLIK

1. Sos için tüm malzemeleri yavaş bir tencerede karıştırın. Tavuğu ekleyin; Sosla iyi görünmeleri için ters çevirin.

2. 3 ila 4 saat veya tavuk tamamen pişene kadar pişirin. Tavuğu yırtın veya doğrayın ve tenceredeki sosa geri koyun. Tüm parçaları kaplamak için iyice karıştırın.

3. Tavuğu sert rulolar halinde servis etmek için, yavaş pişiriciyi sıcak tutmak için düşük bir sıcaklığa ayarlayabilirsiniz.

4. Lezzetli!

## Bir tavada ızgara tavuk

### İÇERİK

- 1 kavrulmuş tavuk, doğranmış veya dörde bölünmüş
- 1 kutu yoğunlaştırılmış domates çorbası
- 3/4 c. doğranmış soğan
- 1/4 c. sirke
- 3 yemek kaşığı. esmer şeker
- 1 çorba kaşığı. Worcestershire sos
- 1/2 çay kaşığı. tuz
- 1/4 çay kaşığı. tatlı fesleğen
- bir tutam kekik

### HAZIRLIK

1. Tavuğu yavaş tencereye koyun. Diğer tüm malzemeleri karıştırıp tavukların üzerine dökün. Sıkıca kapatın ve 6 ila 8 saat DÜŞÜK olarak pişirin. 4 kişi için.

## Tavuk güveç

### İÇERİK

- 2 su bardağı geceden ıslatılmış kuru kuzey fasulyesi
- 3 bardak kaynar su
- 1 su bardağı doğranmış soğan
- 2 diş kıyılmış sarımsak
- 2 ila 3 kutu jalapeno biberi, doğranmış (turşusu iyidir)
- 1 yemek kaşığı öğütülmüş kimyon
- 1 çay kaşığı kırmızı biber
- 1 ila 1 1/2 libre kemiksiz tavuk göğsü, 1 inçlik parçalar halinde kesilmiş
- 2 küçük kabak veya yaz kabağı, küp şeklinde kesilmiş
- 1 kutu (12 ila 15 ons) bütün çekirdek mısır, süzülmüş
- 1/2 su bardağı ekşi krema
- 2 1/4 çay kaşığı tuz
- 1 yemek kaşığı limon suyu
- 1/4 su bardağı kıyılmış taze kişniş ve istenirse biraz garnitür
- 1 doğranmış domates veya dekorasyon için ortadan ikiye bölünmüş çeri domates
- dekorasyon için ekşi krema

### HAZIRLIK

1. Fasulyeleri ve kaynar suyu yavaş bir ocakta birleştirin. Siz diğer malzemeleri hazırlarken dinlenmeye bırakın. Fırına dayanıklı bir kaba doğranmış soğanı, kıyılmış sarımsağı, jalapeno biberini, kimyonu ve pul biberi ekleyin. Üzerine tavukları koyun. Küp doğranmış kabakları tencereye ekleyin. Örtün ve 7 ila 8 saat veya fasulye yumuşayana kadar pişirin. Mısır, ekşi krema, tuz, limon suyu ve kıyılmış kişnişi karıştırın. Kaselere kaşıkla. İstenirse, bir parça ekşi krema, doğranmış domates ve doğranmış taze kişniş ile süsleyin.

## Tavuk Chow Mein Güveç

### İÇERİK

- 1 1/2 libre kemiksiz tavuk göğsü, 1 inçlik parçalar halinde kesilmiş
- 1 yemek kaşığı bitkisel yağ
- 1 1/2 su bardağı kıyılmış kereviz
- 1 1/2 bardak doğranmış havuç
- 6 baş taze soğan, doğranmış
- 1 bardak tavuk suyu
- 1/3 su bardağı soya sosu
- 1/4 çay kaşığı öğütülmüş kırmızı biber veya tadı
- 1/2 çay kaşığı öğütülmüş zencefil
- 1 diş sarımsak, ince kıyılmış
- 1 kutu (yaklaşık 12 ila 15 ons) fasulye filizi, süzülmüş
- 1 kutu (8 ons) dilimlenmiş kestane, süzülmüş
- 1/4 su bardağı mısır nişastası
- 1/3 bardak su

### HAZIRLIK

1. Büyük bir tavada tavuk parçalarını kızartın. Kızarmış tavuğu yavaş tencereye koyun. Mısır nişastası ve su hariç kalan malzemeleri ekleyin. Karışmak. Örtün ve 6 ila 8 saat DÜŞÜK

olarak pişirin. Yavaş pişiriciyi YÜKSEK olarak ayarlayın. Nişasta ve suyu küçük bir kapta eriyene ve pürüzsüz olana kadar karıştırın. Yavaş pişiren sıvılara karıştırın. Buharın çıkması için kapağı hafif aralık bırakın, koyulaşana kadar yaklaşık 20 ila 30 dakika pişirin.

2. Pilav veya erişte ile servis yapın. 5 qt için ikiye katlanabilir. yavaş ocak/pişirme kabı.

## Bir güveçte Cordon Bleu tavuğu

### İÇERİK

- 4-6 tavuk göğsü (ince dövülmüş)
- 4-6 parça jambon
- 4-6 dilim İsviçre veya mozzarella peyniri
- 1 kutu kremalı mantar çorbası (herhangi bir kremalı mantar çorbası kullanabilirsiniz)
- 1/4 su bardağı süt

### HAZIRLIK

1. Jambonu ve peyniri tavuğun üzerine koyun. Rulo yapın ve bir kürdan ile sabitleyin. Tavuğu yavaş pişiriciye/Güveç tenceresine üçgen gibi görünecek şekilde yerleştirin /_\ Geri kalanını üstüne yerleştirin. Çorbayı sütle karıştırın; Tavuğun üzerine dökün. Örtün ve 4 saat veya tavuk artık pembeleşene kadar pişirin. Eriştelerin üzerine hazırladığınız sos ile servis edin.

2. Teresa'nın notu: Şimdiye kadar denediğim en iyi tarif, çok lezzetli.

## *Tavuk yahnisi Cordon Bleu II*

### İÇERİK

- 6 yarım tavuk göğsü
- 6 dilim jambon
- 6 dilim İsviçre peyniri
- 1/2 c. Görkem
- 1/2 c. parmesan peyniri
- 1/2 çay kaşığı. tuz
- 1/4 çay kaşığı. biber
- 3 yemek kaşığı sıvı yağ
- 1 kutu kremalı tavuk çorbası
- 1/2 bardak sek beyaz şarap

### HAZIRLIK

1. Her bir tavuk göğsünün yarısını streç film arasına koyun ve eşit kalınlıkta olacak şekilde üzerini kapatın. Her tavuk göğsüne bir dilim jambon ve bir dilim İsviçre peyniri koyun; rulo yapın ve kürdan veya mutfak ipi ile sabitleyin. Un, Parmesan peyniri, tuz ve karabiberi bir kapta karıştırın. Tavuğu Parmesan ve un

karışımına bulayın; 1 saat buzdolabına koyun. Tavuk soğuduktan sonra bir tavayı 3 yemek kaşığı sıvı yağ ile ısıtın; her yerde kahverengi tavuk.

2. Tavuk suyu ve şarabı bir tencerede karıştırın. Kavrulmuş tavuğu ekleyin ve DÜŞÜK ayarda 4 1/2 ila 5 1/2 saat veya YÜKSEK ayarda yaklaşık 2 1/2 saat pişirin. Un ve soğuk su karışımı (2 yemek kaşığı soğuk su ile karıştırılmış yaklaşık 2 yemek kaşığı un) ile sosu koyulaştırın. Kalınlaşana kadar 20 dakika daha pişirin.

3. 6 kişilik.

*güveçte tavuk budu*

## İÇERİK

- 12 ila 16 tavuk budu, derisiz
- 1 bardak akçaağaç şurubu
- 1/2 su bardağı soya sosu
- 1 konserve (14 ons) bütün kızılcık sosu
- 1 çay kaşığı Dijon hardalı
- 1 yemek kaşığı mısır nişastası
- 1 yemek kaşığı soğuk su
- isteğe bağlı dilimlenmiş yeşil soğan veya taze kıyılmış kişniş

## HAZIRLIK

1. Eğer butların derisini bırakmayı tercih ederseniz tavuğu geniş bir tencereye alıp üzerini geçecek kadar su ekleyin ve yüksek ateşte kaynamaya bırakın. Yaklaşık 5 dakika kaynatın. Kaynatma, ciltteki fazla yağın bir kısmını giderir.

2. Tavuğu çıkarın, kurulayın ve butları yavaş pişiriciye koyun.

3. Akçaağaç şurubu, soya sosu, kızılcık sosu ve hardalı bir kapta karıştırın. Köftelerin üzerine dökün.

4. Örtün ve DÜŞÜK ayarda 6 ila 7 saat veya YÜKSEK ayarda yaklaşık 3 saat pişirin. Tavuk çok yumuşak olmalı, ancak tamamen parçalanmamalıdır.

5. Tavuk butlarını bir tabağa alın ve sıcak tutun.

6. Mısır nişastası ve soğuk suyu bir kapta veya küçük bir kapta karıştırın. Pürüzsüz olana kadar karıştır.

7. Yavaş pişiricinin sıcaklığını yüksek seviyeye yükseltin ve mısır nişastası karışımını ekleyin. Kalınlaşana kadar yaklaşık 10 dakika pişirin.

8. Veya sıvıları bir tencereye aktarın ve kaynatın. Mısır nişastası karışımını ilave edin ve sos kalınlaşana kadar bir veya iki dakika karıştırarak pişirin.

9. İstenirse dilimlenmiş yeşil soğan veya kıyılmış kişniş ile süsleyerek servis yapın.

### 10. Varyasyonlar

11. Tavuk butları yerine kemikli tavuk butları kullanın. Pişirmeden önce cildi çıkarın.

12. But yerine 6 ila 8 derisiz bütün tavuk but kullanın.

*Crockpot tavuk fricasee tarifi*

İÇERİK

- 1 kutu yoğun kremalı tavuk çorbası, yağı azaltılmış veya Sağlıklı Dilek
- 1/4 bardak su
- 1/2 bardak doğranmış soğan
- 1 çay kaşığı toz kırmızı biber
- 1 çay kaşığı limon suyu
- 1 çay kaşığı kurutulmuş biberiye, ezilmiş
- 1 çay kaşığı kekik
- 1 çay kaşığı maydanoz yaprağı
- 1 çay kaşığı tuz
- 1/4 çay kaşığı biber
- 4 kemiksiz, derisiz tavuk göğsü
- Yapışmaz pişirme spreyi
- Frenk soğanı köfte
- 3 yemek kaşığı katı yağ
- 1 1/2 su bardağı un
- 2 çay kaşığı. kabartma tozu
- 3/4 çay kaşığı. tuz
- 3 yemek kaşığı taze kıyılmış frenk soğanı veya maydanoz

- 3/4 fincan yağsız süt

## HAZIRLIK

1. Yavaş pişiriciye yapışmaz pişirme spreyi sıkın. Tavuğu yavaş pişiriciye yerleştirin.

2. Çorba, su, soğan, kırmızı biber, limon suyu, biberiye, kekik, maydanoz, 1 çay kaşığı tuz ve karabiberi karıştırın; Tavuğun üzerine dökün. Örtün ve 6 ila 7 saat DÜŞÜK olarak pişirin. Servis yapmadan bir saat önce alt köfteleri hazırlayın.

3. Köfte:

4. Kuru malzemeleri bir hamur karıştırıcı veya çatal ve katı yağ ile karışım kaba bir un haline gelene kadar karıştırın.

5. Frenk soğanı veya maydanoz ve sütü ekleyin; İyice birleştirilene kadar karıştırın. Sıcak tavuk ve sosun üzerine her seferinde bir çay kaşığı gezdirin. Köfteler pişene kadar 25 dakika daha YÜKSEK'te pişirmeye devam edin. Patates püresi veya erişte ile, sebze veya salata ile servis yapın.

## Tavuk Reuben Güveç

### İÇERİK

- 2 torba (her biri 16 ons) lahana turşusu, durulanmış ve süzülmüş

- 1 kase bölünmüş hafif veya düşük kalorili Rus salata sosu

- 6 kemiksiz, derisiz tavuk göğsü

- 1 yemek kaşığı hazır hardal

- 4 ila 6 dilim İsviçre peyniri

- istenirse dekorasyon için taze maydanoz

## HAZIRLIK

1. Lahana turşusunun yarısını 3 1/2 litrelik elektrikli yavaş pişiriciye koyun. Pansumanın yaklaşık 1/3 fincanını üzerine dökün. En üste 3 tavuk göğsü koyun ve tavuğun üzerine hardalı yayın. Kalan lahana turşusu ve tavuk göğsü ile doldurun. Tavaya 1/3 bardak daha sos dökün. Servis yapana kadar kalan pansumanı soğutun. Örtün ve yaklaşık 3 1/2 ila 4 saat veya tavuk tamamen beyaz ve yumuşayana kadar kısık ateşte pişirin.

2. Servis yapmak için güveci 6 tabağa koyun. Her birinin üzerine birer dilim peynir koyun ve üzerine birkaç çay kaşığı Rus sosu gezdirin. İsterseniz taze maydanozla süsleyerek hemen servis yapın.

3. 6 kişilik.

*tavuk enginar güveç*

## İÇERİK

- 1 1/2 ila 2 pound kemiksiz, derisiz yarım tavuk göğsü
- 8 ons dilimlenmiş taze mantar
- 1 kutu (14,5 ons) doğranmış domates
- 1 paket donmuş enginar, 8 ila 12 ons
- 1 bardak tavuk suyu
- 1/2 bardak doğranmış soğan
- 1 kutu (3 ila 4 ons) dilimlenmiş olgun zeytin
- 1/4 fincan sek beyaz şarap veya tavuk suyu
- 3 yemek kaşığı çabuk pişen tapyoka
- 2 çay kaşığı köri tozu veya tadı
- 3/4 çay kaşığı kuru kekik, ezilmiş
- 1/4 çay kaşığı tuz
- 1/4 çay kaşığı biber
- 4 su bardağı sıcak pişmiş pirinç

## HAZIRLIK

1. Tavuğu yıkayın; kurutun ve bir kenara koyun. 3 1/2 ila 5 litre yavaş pişiricide mantarları, domatesleri, enginar kalplerini, tavuk suyunu, doğranmış soğanı, dilimlenmiş zeytinleri ve şarabı birleştirin. Tapyoka, köri tozu, kekik, tuz ve karabiber ekleyin.

Güveçe tavuk ekleyin; Domates karışımından bir miktar tavukların üzerine gezdirin.

2. Örtün ve DÜŞÜK ayarda 7 ila 8 saat veya YÜKSEK ayarda 3 1/2 ila 4 saat pişirin. Sıcak haşlanmış pirinçle servis yapın.

3. 6 ila 8 porsiyon için.

## Dijon Hardallı Tavuk Güveç

### İÇERİK

- 4 ila 6 kemiksiz yarım tavuk göğsü
- 2 yemek kaşığı Dijon hardalı
- %98 yağlı 1 kutu kremalı mantar çorbası
- 2 çay kaşığı mısır nişastası
- karabiber

### HAZIRLIK

1. Tavuk göğsünün yarısını yavaş pişiriciye koyun.

2. Kalan malzemeleri karıştırın ve tavuğun üzerine kaşıkla yayın.

3. Örtün ve 6 ila 8 saat kısık ateşte pişirin.

*Pilavlı tavuk tenceresi*

## İÇERİK

- 4 ila 6 kemiksiz, derisiz tavuk göğsü

- 1 kutu (10 3/4 ons) yoğunlaştırılmış kremalı mantar çorbası veya kremalı tavuk

- 1/2 bardak su

- 3/4 su bardağı dönüştürülmüş pirinç, pişmemiş

- 1 1/2 su bardağı tavuk suyu

- 1 ila 2 su bardağı donmuş yeşil fasulye, çözülmüş

### HAZIRLIK

1. Tavuk göğsünü Güveçe koyun. Kremalı mantar çorbası ve 1/2 su bardağı su ekleyin.

2. 3/4 su bardağı pirinç ve tavuk suyu ekleyin.

3. Yeşil fasulyeleri ekleyin.

4. Örtün ve 6 saat boyunca veya tavuk pişene ve pirinç yumuşayana kadar DÜŞÜK olarak pişirin.

4 ila 6 kişi için tasarlanmıştır.

### *Tavuklu domatesli güveç*

### İÇERİK

- 4 ila 6 yarım tavuk göğsü
- 2 adet yeşil biber, dilimler halinde kesilmiş
- 1 kutu doğranmış pişmiş domates
- 1/2 küçük şişe İtalyan sosu (istenirse yağsız)

### HAZIRLIK

1. Tavuk göğsü, yeşil biber, haşlanmış domates ve İtalyan sosunu yavaş bir tencereye veya tencereye koyun ve tüm gün (6 ila 8 saat) kısık ateşte pişirin.

2. Bu Haşlanmış Domatesli Tavuk tarifi Florida'dan Myron tarafından paylaşıldı

*Gulaş Kola Tavuk*

*İÇERİK*

- 1 bütün tavuk, yaklaşık 3 pound
- 1 bardak ketçap
- İnce dilimler halinde kesilmiş 1 büyük soğan
- 1 bardak Cola, Cola, Pepsi, Dr. biber vb.

*HAZIRLIK*

1. Tavuğu yıkayın ve kurutun. Tatmak için biber ve tuz. Tavuğu soğanla birlikte tencereye koyun. Kola ve ketçap ekleyin ve 6 ila 8 saat DÜŞÜK olarak pişirin. Eğlenmek!

2. Gönderen Molly

## Tavuk Creole Güveç

### İÇERİK

- 1 pound kemiksiz tavuk budu, derisi alınmış, 1 inçlik parçalar halinde kesilmiş
- 1 kutu (14,5 ons) domates suyu
- 1 1/2 su bardağı tavuk suyu
- 8 ons tam pişmiş tütsülenmiş sosis, dilimlenmiş
- 1/2 ila 1 su bardağı doğranmış pişmiş jambon
- 1 su bardağı doğranmış soğan
- 1 kutu (6 ons) domates salçası
- 1/4 bardak su
- 1 1/2 çay kaşığı Creole baharatı
- birkaç damla Tabasco sosu veya başka bir biber sosu
- 2 su bardağı hazır pirinç, pişmemiş•
- 1 su bardağı kıyılmış yeşil biber

### HAZIRLIK

1. Yavaş bir ocakta tavuk, domates, et suyu, sosis, jambon, soğan, salça, su, baharatlar ve Tabasco sosu birleştirin. Örtün ve 5 ila 6 saat DÜŞÜK olarak pişirin.

2. Pirinci• ve yeşil biberi tencereye ekleyin ve 10 dakika daha veya pirinç yumuşayana ve sıvının çoğu emilene kadar pişirin.

3. İstenirse 1 1/2 bardak sade uzun taneli pirinci pişirin ve tavuk karışımı ile servis yapın.

4. 6 kişilik.

## Tavuğu otlar ve doldurma ile soteleyin

### İÇERİK

- 1 kutu (10 1/2 ons) Kremalı Tavuk ve Bitki Çorbası
- 1 kutu (10 1/2 ons) kremalı kereviz veya kremalı tavuk çorbası
- 1/2 bardak sek beyaz şarap veya tavuk suyu
- 1 çay kaşığı kuru maydanoz yaprağı
- 1 çay kaşığı kuru kekik, ufalanmış
- 1/2 çay kaşığı tuz
- Karabiber
- 2 ila 2 1/2 bardak terbiyeli kırıntı tepesi, yaklaşık 6 ons, bölünmüş
- 4 yemek kaşığı bölünmüş tereyağı
- 6 ila 8 kemiksiz, derisiz tavuk göğsü

### HAZIRLIK

bir.

2. Et suyu, şarap veya et suyu, maydanoz, kekik, tuz ve karabiberi karıştırın.

3. Tavuğu yıkayın ve kurutun.

4. 5 ila 7 litrelik yavaş pişiriciyi hafifçe yağ ile kaplayın.

5. Doldurma kırıntılarının yaklaşık 1/2 fincanını tavanın dibine serpin ve yaklaşık 1 yemek kaşığı tereyağı ile gezdirin.

6. Tavuğun yarısını, ardından kalan kırıntıların yarısını doldurun. Kalan tereyağının yarısını gezdirin ve çorba karışımının yarısını üzerine kaşıkla dökün.

1. Kalan tavuk, iç harcı, tereyağı ve çorba karışımı ile tekrarlayın.

2. Örtün ve 5 ila 7 saat veya tavuk tamamen pişene kadar DÜŞÜK olarak pişirin.

6 ila 8 kişi için tasarlanmıştır.

## *Tavuğu otlar ve doldurma ile soteleyin*

### İÇERİK

- 1 kutu (10 1/2 ons) Kremalı Tavuk ve Bitki Çorbası
- 1 kutu (10 1/2 ons) kremalı kereviz veya kremalı tavuk çorbası
- 1/2 bardak sek beyaz şarap veya tavuk suyu
- 1 çay kaşığı kuru maydanoz yaprağı
- 1 çay kaşığı kuru kekik, ufalanmış
- 1/2 çay kaşığı tuz
- Karabiber
- 2 ila 2 1/2 bardak terbiyeli kırıntı tepesi, yaklaşık 6 ons, bölünmüş
- 4 yemek kaşığı bölünmüş tereyağı
- 6 ila 8 kemiksiz, derisiz tavuk göğsü

### HAZIRLIK

1. Et suyu, şarap veya et suyu, maydanoz, kekik, tuz ve karabiberi karıştırın.

2. Tavuğu yıkayın ve kurutun.

3. 5 ila 7 litrelik yavaş pişiriciyi hafifçe yağ ile kaplayın.

4. Doldurma kırıntılarının yaklaşık 1/2 fincanını tavanın dibine serpin ve yaklaşık 1 yemek kaşığı tereyağı ile gezdirin.

5. Tavuğun yarısını, ardından kalan kırıntıların yarısını koyun. Kalan tereyağının yarısını gezdirin ve çorba karışımının yarısını üzerine kaşıkla dökün.

1. Kalan tavuk, iç harcı, tereyağı ve çorba karışımı ile tekrarlayın.

2. Örtün ve 5 ila 7 saat veya tavuk tamamen pişene kadar DÜŞÜK olarak pişirin.

6 ila 8 kişi için tasarlanmıştır.

## *Güveçte İtalyan usulü tavuk*

### İÇERİK

- 4 kilo tavuk parçası
- 3 yemek kaşığı zeytinyağı
- 2 adet dilimlenmiş soğan
- 1 çay kaşığı tuz
- 1/2 çay kaşığı taze çekilmiş karabiber
- 2 kereviz sapı, ince dilimlenmiş
- 2 su bardağı doğranmış patates
- 1 konserve (14,5 ons) doğranmış domates, suyu çıkarılmamış
- 1 çay kaşığı kuru kekik yaprağı
- 1 yemek kaşığı kuru maydanoz yaprağı
- 1 su bardağı dondurulmuş bezelye, çözülmüş

### *HAZIRLIK*

1. Tavuk parçalarını kızgın yağda kızartın. Tuz, karabiber ve soğanı ekleyip 5 dakika daha pişirin. Kereviz ve patatesleri yavaş pişiricinin dibine, kızarmış tavuk, soğan ve domatesleri suyu, kekik ve maydanozla üstüne yerleştirin. Örtün ve 6 ila 8 saat kısık ateşte pişirin. Son 30 dakikada bezelyeleri ekleyin.

2. 6 kişiliktir.

## Tavuk Güveç Lima Fasulyesi

### İÇERİK

- 3 ila 4 kilo tavuk parçası
- tuz ve biber
- 1 yemek kaşığı bitkisel yağ
- 1 inçlik küpler halinde kesilmiş 2 büyük patates
- 1 paket dondurulmuş lima fasulyesi, çözülmüş
- 1 bardak tavuk suyu
- 1/4 çay kaşığı kuru kekik, ufalanmış

### HAZIRLIK

1. Tavuğu tuzlayın ve karabiber ekleyin. Yağı ve tereyağını büyük bir tavada ısıtın; Tavuğu her iki tarafta altın rengi kahverengi olana kadar kızartın. Tavuğu kalan malzemelerle tencereye aktarın. Örtün ve tavuk yumuşayana kadar 4 ila 6 saat kısık ateşte pişirin.

2. Servis 4.

## Makarna ve peynir karışımı ile Türk lokumu

### İÇERİK

- 1 kavanoz Alfredo sosu
- 1 kutu sağlıklı kremalı mantar çorbası isteyin
- 1 (7 ons) albacore ton balığı veya tavuk, süzülmüş veya artık pişmiş tavuk veya et kullanabilirsiniz
- 1/4 çay kaşığı köri tozu
- 1 ila 1 1/2 su bardağı dondurulmuş karışık sebze
- 1 1/2 su bardağı rendelenmiş İsviçre peyniri
- 4 su bardağı pişmiş makarna (makarna, papyon, yengeç)

### HAZIRLIK

1. İlk 5 malzemeyi birleştirin; Örtün ve 4 ila 5 saat DÜŞÜK olarak pişirin. Son bir saat içinde karışıma İsviçre peynirini ekleyin. Makarnayı paketteki talimatlara göre pişirin; Süzün ve yavaş pişiriciye ekleyin. Bu, pişmiş veya konserve tavuk, artık jambon veya sadece fazladan sebzeler eklemek kadar iyi olurdu!

2. Servis 4.

## Debbie'nin tavuk ve doldurma ile yahnisi

### İÇERİK

- Doldurmak için 1 paket hazır bitki karışımı
- 4 ila 6 kemiksiz veya kemiksiz tavuk göğsü, derisiz
- 1 kutu (10 3/4 ons) yoğunlaştırılmış tavuk suyu kreması, seyreltilmemiş
- 1 konserve (3 ila 4 ons veya daha fazla) dilimlenmiş mantar, süzülmüş

### HAZIRLIK

1. Yavaş pişiricinin altını ve yanlarını yağlayın.

2. Paketlenmiş (veya ev yapımı) dolgu karışımını tereyağı ve sıvı ile paketteki talimatlara göre hazırlayın.

3. Hazırlanan dolguyu yağlanmış pişirme kabının tabanına yerleştirin.

4. Tavuk parçalarını dolgunun üzerine yerleştirin. Tavuk biraz üst üste gelebilir, ancak mümkün olduğunca az üst üste gelecek şekilde istiflemeye çalışın. Yer varsa daha fazla tavuk kullanabilirsiniz.

5. Yoğunlaştırılmış kremalı tavuk çorbasını tavuğun üzerine dökün. Arzu ederseniz mantar kreması veya kereviz kreması da kullanabilirsiniz. Mantarla doldurun. Mantarları çorba ile kaplayacak şekilde biraz karıştırdığınızdan emin olun.

6. Kapağı kapatın ve 5 ila 7 saat kısık ateşte pişirin.

7. •Tavuk göğsü uzun süre piştiğinde kurur, bu yüzden daha erken kontrol edin. Bagetler tavuk göğsünden daha yağlıdır, bu nedenle daha uzun süre pişirilebilirler.

### Diana'nın tavuğu la King

**İÇERİK**

- 1 1/2 ila 2 pound kemiksiz tavuk
- 1 ila 1 1/2 su bardağı havuç, kibrit çöpü şeklinde kesilmiş
- 1/2-inç parçalar halinde kesilmiş 1 demet yeşil soğan
- Yenibahar ve zeytinleri işlemek için 1 kavanoz yenibahar veya peynir (5 oz)
- %98 yağlı 1 kutu kremalı tavuk çorbası
- 2 yemek kaşığı kuru şeri (isteğe bağlı)
- tadına göre biber ve tuz

**HAZIRLIK**

1. Tüm malzemeleri listelenen sırayla bir yavaş pişiriciye/güveç tenceresine (3 1/2 litre veya daha büyük) yerleştirin; birleştirmek için karıştırın. Örtün ve 7 ila 9 saat kısık ateşte pişirin. Pirinç, tost veya bisküvi ile servis yapın.

2. 6 ila 8 kişi için.

*sebzeli dereotu tavuk*

## İÇERİK

- 1 ila 1 1/2 pound tavuk eti, 1 inçlik parçalar halinde kesilmiş
- 1 yemek kaşığı kuru doğranmış soğan (veya ince doğranmış soğan)
- 1 kutu normal veya %98 yağı azaltılmış kremalı mantar çorbası
- 1 paket (1 ons) mantar sos karışımı (tavuk veya köy sosu yerine kullanılabilir)
- 1 su bardağı genç havuç
- 1/2 ila 1 çay kaşığı dereotu
- tatmak için tuz ve karabiberle tatlandırılmış
- 1 su bardağı donmuş bezelye

## HAZIRLIK

1. İlk 7 malzemeyi yavaş pişirici/güveçte karıştırın; Örtün ve 6 ila 8 saat kısık ateşte pişirin. Son 30 ila 45 dakika boyunca donmuş bezelye ekleyin. Pilav veya patates püresi ile servis yapın.

2. Servis 4.

### Don's Tatlı ve Ekşi Tavuk

### İÇERİK

- 2 ila 4 derisiz tavuk göğsü
- 1 büyük soğan, kabaca doğranmış
- 2 biber (bir yeşil, bir kırmızı)
- 1 su bardağı brokoli çiçeği
- 1/2 su bardağı havuç parçaları
- 1 büyük kutu ananas (tahliye edin ve SAKLAYIN)
- 1/4-1/2 su bardağı esmer şeker (normal şeker kullanabilirsiniz)
- Gerekirse ilave sıvı için su/şarap/beyaz üzüm suyu/portakal suyu vb. ekleyin.
- Aldığınız her bardak sıvı için 1 yemek kaşığı mısır nişastası
- isteğe bağlı acı sos
- istenirse tuz ve karabiber
- istenirse tarçın
- istenirse yenibahar
- istenirse karanfil
- arzuya göre köri tozu

## HAZIRLIK

1. Tavuk göğsünü yavaş bir tencereye veya tencereye koyun. Soğan, dolmalık biber, brokoli ve havucu ekleyin Şeker, sıvı, baharatlar, mısır nişastası ve şekerde topak kalmayacak şekilde iyice karışana kadar karıştırın. Tavuğun üzerine dökün. Yeterli meyve suyu yoksa, istediğiniz seviyeye getirmek istediğiniz sıvıyı ekleyin. (Unutmayın: Her ilave sıvı için, yavaş pişiriciye dökmeden önce başka bir çorba kaşığı mısır nişastası ekleyin).

2. Örtün ve 6 ila 8 saat DÜŞÜK olarak pişirin. Bazen tarifi bir meyve kokteyli ve biraz daha az şeker, ananas veya kayısı reçeli veya portakal marmelatı kullanmak için değiştiririm. (Reçel kullanırken mısır nişastası veya şekere ihtiyacınız yok. Hayal gücünüzü kullanın. Tatlı ve ekşinin temelde meyve suyu ve sirke olduğunu unutmayın.

## *Hafif peynirli yavaş pişirilmiş tavuk*

### İÇERİK

- 6 kemiksiz, derisiz tavuk göğsü
- tadına göre biber ve tuz
- tatmak için sarımsak tozu
- 2 kutu yoğun kremalı tavuk çorbası
- 1 kutu yoğunlaştırılmış çedar peyniri çorbası

### HAZIRLIK

1. Tavuğu yıkayın ve üzerine tuz, karabiber ve sarımsak tozu serpin. Seyreltilmemiş suyu karıştırın ve Crock Pot'taki tavuğun üzerine dökün.

2. Örtün ve 6 ila 8 saat kısık ateşte pişirin.

3. Pirinç veya erişte üzerinde servis yapın.

4. 6 kişilik.

## Tavuklu Sade Cacciatore

### İÇERİK

- 1 tavuk, doğranmış, yaklaşık 3 ila 3 1/2 pound
- 1 kavanoz spagetti sosu
- doğranmış soğan
- dilimlenmiş mantar
- doğranmış yeşil biber
- tuz ve biber
- Kırmızı biber

### HAZIRLIK

1. Bütün bir tavuğu (3 ila 3 1/2 pound) yavaş pişiriciye/güveç tenceresine koyun. Spagetti sosu, biraz doğranmış soğan, mantar ve yeşil biberi kavanoza dökün. Tatmak için biber ve tuz. (Ben de o küçük biberi kullanıyorum.)

2. Tüm gün düşük sıcaklıkta (7 ila 9 saat) pişirin. Erişte veya spagetti üzerinde servis yapın.

## *Tavuklu makarna için basit bir sos*

### İÇERİK

- 1 lb tavuk veya tavuk göğsü, doğranmış
- 1 konserve (15 ons) domates, doğranmış
- 1 küçük kutu (6 oz) domates salçası
- Dilimler halinde kesilmiş 1 kereviz sapı
- 1/4 su bardağı doğranmış soğan
- 1/2 su bardağı doğranmış veya rendelenmiş havuç, konserve edilmiş veya hafif yumuşayana kadar pişirilmiş
- 1/2 çay kaşığı kekik
- 1/2 çay kaşığı tuz
- 1/4 çay kaşığı biber
- 1/2 çay kaşığı sarımsak tozu
- bir tutam şeker veya başka bir tatlandırıcı (arzuya göre veya tadına göre)

### HAZIRLIK

1. Tüm malzemeleri bir tencerede veya tencerede karıştırın. Örtün ve 6 ila 8 saat kısık ateşte pişirin. Servis yapmadan yaklaşık 30 dakika önce baharatı tadın ve ayarlayın ve gerekirse inceltmek için biraz su ekleyin. Bu kolay tavuk makarna sosu

tarifini spagetti, fettuccine veya diğer makarnaların üzerine servis edin.

2. Bu basit tavuk tarifi 4 kişiliktir.

## Bademli sade tavuk

### İÇERİK

- 4 ila 6 yarım tavuk göğsü, yıkanmış ve derisi alınmış
- 1 kutu (10 3/4 ons) kremalı tavuk çorbası
- 1 yemek kaşığı limon suyu
- 1/3 su bardağı mayonez
- 1/2 su bardağı ince dilimlenmiş kereviz
- 1/4 su bardağı ince kıyılmış soğan
- 1/4 su bardağı süzülmüş doğranmış yenibahar
- 1/2 su bardağı rendelenmiş veya dilimlenmiş badem
- isteğe bağlı kıyılmış taze maydanoz

### HAZIRLIK

1. Tavuk göğsünü yavaş pişiricinin dibine yerleştirin. Çorba, limon suyu, mayonez, kereviz, soğan ve yenibaharı bir kapta karıştırın; Tavuk göğsünün üzerine dökün. Örtün ve tavuk yumuşayana kadar 5 ila 7 saat pişirin (kemiksiz tavuk göğsü yarımları, kemikli yarımlardan daha az zaman alacaktır). Tavuk

göğüslerini servis tabağına alın ve suyunu gezdirin. İstenirse, bir tutam badem ve maydanozla süsleyin.

2. Sıcak haşlanmış pirinç ve buğulanmış brokoli ile servis yapın.

3,4 ila 6 kişi.

## Basit bir pişirme kaşığı

### İÇERİK

- 1 yemek kaşığı sızma zeytinyağı
- İnce kıyılmış 1 büyük soğan
- 4 kemiksiz ve iri kıyılmış tavuk budu
- Kielbasa veya spicier andouille gibi 1/4 pound pişmiş tütsülenmiş sosis, doğranmış
- 3 diş kıyılmış sarımsak
- 1 çay kaşığı kuru kekik yaprağı
- 1/2 çay kaşığı karabiber
- 4 yemek kaşığı domates salçası
- 2 yemek kaşığı su
- 3 kutu (her biri yaklaşık 15 ons) bakla, durulanmış ve süzülmüş
- 3 yemek kaşığı doğranmış taze maydanoz

### HAZIRLIK

1. Zeytinyağını büyük bir tavada orta ateşte ısıtın.

2. Soğanı ısıtılmış yağa ekleyin ve soğan yumuşayana kadar yaklaşık 4 dakika karıştırarak pişirin.

3. Tavuk, sucuk, sarımsak, kekik ve karabiberi karıştırın. 5 ila 8 dakika veya tavuk ve sosis altın rengi kahverengi olana kadar pişirin.

4. Salça ve suyu ekleyin; Yavaş bir tencereye aktarın. Büyük kuzey fasulyelerini tavuk karışımına karıştırın; Örtün ve 4 ila 6 saat DÜŞÜK olarak pişirin.

5. Servis yapmadan önce güvecin üzerine kıyılmış maydanoz serpin.

6. Servis 6.

## Cindy tarafından Kolay Kızarmış Tavuk Santa Fe

### İÇERİK

- 1 kutu (15 ons) siyah fasulye, durulanmış ve süzülmüş
- 2 kutu (15 ons) bütün çekirdekli mısır, süzülmüş
- 1 bardak en sevdiğiniz kalın ve tıknaz salsa
- 5 veya 6 derisiz, kemiksiz tavuk göğsü (yaklaşık 2 pound)
- 1 su bardağı rendelenmiş çedar peyniri

### HAZIRLIK

3-1 / 2- ila 5-quart yavaş pişiricide siyah fasulye, mısır ve 1/2 su bardağı salsayı birleştirin.

2. Üzerine tavuk göğsü ekleyin, ardından kalan 1/2 su bardağı salsayı tavuğun üzerine dökün. Örtün ve YÜKSEK'te 2 1/2 ila 3 saat veya tavuk yumuşayana ve beyazlaşana kadar pişirin. Fazla pişirmeyin yoksa tavuk kuru olur.

3. Üzerine peynir serpin; Örtün ve peynir eriyene kadar yaklaşık 5 ila 15 dakika pişirin.

4. 6 kişilik.

### Geoff's Gravy ile Kolay Kızarmış Tavuk

**İÇERİK**

- 1 tavuk, kavrulmuş
- tuz ve biber

**HAZIRLIK**

1. Tavuğu temizleyin, yıkayın ve yanmaz bir kaba koyun. Bir tutam tuz ve bir tutam karabiber ekleyin. Yaklaşık 6 saat yüksekte bırakın.

2. Bitmiş ürünü çıkardığımızda kalan suyu bir bardağa dökün, üzerini folyo ile örtün ve yaklaşık yarım saat dondurucuya koyun. Bu, bardağın üstündeki tüm yağı katılaştırır. Bunu kazıyın ve kalan stoğu sosa ekleyin.

## Zencefil ve ananaslı tavuk

### İÇERİK

- 4 ila 5 kemiksiz tavuk göğsü, küp şeklinde kesilmiş (yaklaşık 3/4 inç)

- 1/2 inç dilimlenmiş yaklaşık 3 inç yeşil soğan ile 1 demet yeşil soğan

- 1 kutu (8 ons) ezilmiş ananas, suyu çıkarılmamış

- 1 yemek kaşığı ince kıyılmış kristalize zencefil

- 2 yemek kaşığı limon suyu

- 2 yemek kaşığı soya sosu (düşük sodyumlu)

- 3 yemek kaşığı esmer şeker veya bal

- 1/2 çay kaşığı sarımsak tozu

### HAZIRLIK

1. Tüm malzemeleri yavaş bir tencerede karıştırın; Örtün ve 6 ila 8 saat kısık ateşte pişirin. Pirinç veya sade erişte üzerinde servis yapın.

2. Servis 4.

## Yunan tavuğu

### İÇERİK

- 4 ila 6 derisiz tavuk göğsü

- 1 lt. can (15 ons) domates sosu

- 1 kutu (14,5 ons) doğranmış domates suyu
- 1 kutu dilimlenmiş mantar
- 1 kutu (4 ons) dilimlenmiş olgun zeytin
- 2 diş kıyılmış sarımsak
- 1 çorba kaşığı. limon suyu
- 1 çay kaşığı. kurutulmuş kekik yaprağı
- 1/2 bardak doğranmış soğan
- 1/2 c. sek beyaz şarap (isteğe bağlı)
- 2 su bardağı sıcak pişmiş pirinç
- tatmak için tuz

### *HAZIRLIK*

1. Tavuğu yıkayın ve kurutun. 350° fırında yaklaşık 30 dakika pişirin. Bu sırada diğer tüm malzemeleri (pirinç hariç) karıştırın. Tavuğu ince ince doğrayın ve sosla karıştırın; Örtün ve 4 ila 5 saat kısık ateşte pişirin. Tavuğu ve sosu sıcak pişmiş pirinçle servis edin.

2,4 ila 6 kişi.

## *Hawaii sopaları*

### İÇERİK

- 12 adet tavuk budu

- 1 bardak ketçap

- 1 su bardağı paketlenmiş esmer şeker

- 1/2 su bardağı soya sosu

- rendelenmiş taze zencefil, 1 yemek kaşığı

- bir damla susam yağı

### HAZIRLIK

1. Örtün ve yaklaşık 8 saat kısık ateşte pişirin. Beyaz pirinç üzerinde servis yapın.

2. Merhaba!

3. LeRoy ve Nitz Dawg tarafından paylaşılan tavuk budu tarifi!

## Otlar ve sebzeler ile tavuk

### İÇERİK

- 3 ila 4 kilo tavuk parçası

- 1 1/2 ila 2 bardak donmuş veya konserve ve süzülmüş küçük bütün soğan

- 2 su bardağı bütün genç havuç

- 1 inçlik parçalar halinde kesilmiş 2 orta boy patates

- 1 1/2 su bardağı tavuk suyu

- 2 inçlik parçalar halinde kesilmiş 2 orta boy kereviz sapı

- 2 dilim doğranmış domuz pastırması

- 1 defne yaprağı

- 1/4 çay kaşığı kuru kekik

- 1/4 çay kaşığı karabiber

- 1/4 su bardağı kıyılmış taze maydanoz

- 2 yemek kaşığı kıyılmış taze tarhun veya 1 çay kaşığı kuru tarhun

- 1 çay kaşığı rendelenmiş limon kabuğu

- 2 yemek kaşığı taze limon suyu

- 1/2 çay kaşığı tuz veya tadı

## HAZIRLIK

1. Tavuk, soğan, havuç, patates, çorba, kereviz, domuz pastırması, defne yaprağı, kekik ve biberi yavaş bir ocakta birleştirin. Düşük seviyeye getirin ve 8 ila 10 saat pişirin.

2. Bir kenara bırakın.

3. Tavuğu ve sebzeleri oluklu bir kaşıkla ısıtılmış bir tabağa alın. Folyo ile örtün ve sıcak tutun. Fazla yağı çıkarın ve atın. Tatmak için maydanoz, tarhun, limon kabuğu rendesi ve limon suyunu tuzla karıştırın; tavuk ve sebzelerin üzerine kaşıkla.

*otlar ve yabani pirinç ile tavuk*

## İÇERİK

- 1 ila 1 1/2 pound tavuk eti veya yarım kemiksiz tavuk göğsü

- 6 ila 8 ons dilimlenmiş mantar

- 1 yemek kaşığı bitkisel yağ

- 2 ila 3 dilim ufalanmış domuz pastırması veya 2 yemek kaşığı gerçek domuz pastırması

- 1 çay kaşığı tereyağı

- 1 kutu Uncle Bens (tavuk aromalı) uzun taneli ve yabani pirinç

- 1 kutu kremalı tavuk çorbası, baharatlı veya sade

- 1 bardak su

- 1 çay kaşığı ince otlar veya en sevdiğiniz bitkilerin karışımı gibi bir bitki karışımı; maydanoz, kekik, tarhun vb.

## HAZIRLIK

1. Tavuk parçalarını ve mantarları sıvı yağda hafifçe kızarana kadar soteleyin. Pastırmayı 3 1/2 ila 5 litre yavaş pişiricinin dibine yerleştirin. Pirinci pastırmanın üstüne koyun. Bir paket

baharat ayırın. Tavuk ihalelerini pirincin üzerine yerleştirin - şeritler halinde kesin veya tavuk göğsü kullanıyorsanız küp küp doğrayın. Çorbayı tavuğun üzerine dökün, ardından suyu ekleyin. Baharatlarla doldurun ve bir bitki karışımı serpin. Örtün ve DÜŞÜK olarak 5 1/2 ila 6 1/2 saat veya pirinç yumuşayana kadar pişirin (düşük seviyede değil).

2,4 ila 6 kişi.

## *bal ve zencefil ile tavuk*

### İÇERİK

- 3 pound yarım derisiz tavuk göğsü
- 1 1/4 inç taze zencefil kökü, soyulmuş ve ince kıyılmış
- 2 diş kıyılmış sarımsak
- 1/2 su bardağı soya sosu
- 1/2 su bardağı bal
- 3 yemek kaşığı kuru şeri
- 2 yemek kaşığı mısır nişastasını 2 yemek kaşığı suyla karıştırın

### HAZIRLIK

1. Küçük bir kapta zencefil, sarımsak, soya sosu, bal ve şeriyi karıştırın. Tavuk parçalarını sosa batırın; tavuk parçalarını yavaş

tencereye koyun; Kalan sosu her şeyin üzerine dökün. Örtün ve yaklaşık 6 saat DÜŞÜK olarak pişirin.

2. Tavuğu sıcak servis tabağına alın ve sıvıyı tavaya veya sote tavasına dökün. Bir kaynamaya getirin ve hafifçe azaltmak için 3 ila 4 dakika pişirmeye devam edin. Mısır nişastasını sos karışımına karıştırın.

3. Kısık ateşte koyulaşana kadar pişirin. Tavuğun üzerine biraz sos dökün ve kalanını ezin.

4. Tavuğu sıcak pirinçle servis edin.

## Tatlı patates ile bal kavrulmuş tavuk

### İÇERİK

- 3 su bardağı soyulmuş ve dilimlenmiş tatlı patates, yaklaşık 2 orta ila büyük tatlı patates

- 1 kutu (8 ons) ananas parçaları, suyu sıkılmış, süzülmemiş

- 1/2 su bardağı tavuk suyu

- 1/4 su bardağı ince kıyılmış soğan

- 1/2 çay kaşığı öğütülmüş zencefil

- 1/3 bardak barbekü sosu, en sevdiğiniz

- 2 kaşık bal

- 1/2 çay kaşığı kuru hardal

- 4 ila 6 tavuk budu (baget ve baget, derisi alınmış)

### HAZIRLIK

3 1/2 ila 5 litrelik yavaş pişiricide tatlı patatesleri, suyu sıkılmış ananası, tavuk suyunu, doğranmış soğanı ve kıyılmış zencefili birleştirin; İyice birleştirmek için karıştırın. Küçük bir kapta barbekü sosu, bal ve kuru hardalı karıştırın; İyice birleştirmek için

karıştırın. Tavuğun her tarafını barbekü sosu karışımıyla cömertçe kaplayın. Kaplanmış tavuğu, tatlı patates ve ananas karışımının üzerine tek bir tabaka halinde, gerekirse üst üste gelecek şekilde yerleştirin. Kalan barbekü sosu karışımını tavuğun üzerine dökün.

2. Kapak; 7 ila 9 saat kısık ateşte veya tavuk çatalla yumuşayana, meyve suları berraklaşana ve tatlı patatesler yumuşayana kadar pişirin.

3,4 ila 6 kişi.

## ballı hoisin tavuk

### İÇERİK

- 2 ila 3 kilogram tavuk parçaları (veya bütün tavuk, doğranmış)
- 2 yemek kaşığı soya sosu
- 2 yemek kaşığı kuru üzüm sosu
- 2 kaşık bal
- 2 yemek kaşığı sek beyaz şarap
- 1 yemek kaşığı rendelenmiş zencefil kökü veya 1 çay kaşığı öğütülmüş zencefil
- 1/8 çay kaşığı karabiber
- 2 yemek kaşığı mısır nişastası
- 2 yemek kaşığı su

### HAZIRLIK

1. Tavuğu yıkayın ve kurutun; Yavaş pişiricinin altına yerleştirin.

2. Soya sosu, kuru üzüm sosu, bal, şarap, zencefil ve biberi karıştırın. Sosu tavukların üzerine dökün.

3. Örtün ve yaklaşık 5 1/2 ila 8 saat veya tavuk yumuşayana ve suları berraklaşana kadar pişirin.

4. Mısır nişastası ve suyu karıştırın.

5. Tavuğu yavaş ocaktan alın; Isıyı artırın ve mısır nişastası ve su karışımını ekleyin.

6. Koyulaşana kadar pişirmeye devam edin ve iyice ısınması için tavuğu yavaş pişiriciye ekleyin.

## *İtalyan usulü tavuk*

### İÇERİK

- 4 tavuk göğsü, kemiksiz, ısırık büyüklüğünde parçalar halinde kesilmiş
- 1 - 16 ons. konserve domates, doğranmış
- 1 büyük yeşil tatlı biber, doğranmış
- 1 küçük baş yenilebilir soğan, doğranmış
- 1 orta boy kereviz, doğranmış
- 1 orta boy havuç, soyulmuş ve doğranmış
- 1 defne yaprağı
- 1 çay kaşığı kuru kekik
- 1 çay kaşığı kuru fesleğen
- İstenirse 1/2 çay kaşığı kuru kekik
- 2 diş kıyılmış sarımsak; VEYA 2 çay kaşığı. sarımsak tozu
- 1/2 çay kaşığı tuz
- 1/2 çay kaşığı kırmızı biber veya tadı
- 1/2 su bardağı rendelenmiş Parmesan veya Romano peyniri

### HAZIRLIK

1. Rendelenmiş peynir hariç tüm malzemeleri yavaş bir tencerede karıştırın.

2. Örtün ve 6 ila 8 saat kısık ateşte pişirin. Servis yapmadan önce defne yaprağını çıkarın ve rendelenmiş peynir serpin.

3. Pilav veya makarna ile iyi gider.

*Tencerede tavuk, İtalyan usulü*

## İÇERİK

- 1 pound kemiksiz, derisiz tavuk budu veya 4 tavuk but, derisiz
- 1/2 bardak doğranmış soğan
- 1/2 su bardağı dilimlenmiş çekirdeksiz olgun zeytin
- 1 konserve (14,5 ons) doğranmış domates, suyu çıkarılmamış
- 1 çay kaşığı kuru kekik yaprağı
- 1/2 çay kaşığı tuz
- 1/2 çay kaşığı kurutulmuş biberiye, ufalanmış
- bir tutam kuru kekik
- 1/4 çay kaşığı sarımsak tozu
- 1/4 su bardağı soğuk su veya tavuk suyu
- 1 yemek kaşığı mısır nişastası

## HAZIRLIK

1. Tavuğu 3 1/2 ila 5 quart yavaş pişiriciye yerleştirin. Üzerine doğranmış soğan ve dilimlenmiş zeytin koyun. Domatesleri kekik, tuz, biberiye, kekik ve sarımsak tozu ile karıştırın. Domates karışımını tavukların üzerine dökün. Örtün ve 7 ila 9 saat DÜŞÜK olarak veya tavuk çatalla yumuşayana ve meyve suları berraklaşana kadar pişirin. Tavuğu ve sebzeleri ızgara yardımıyla sıcak servis tabağına dizin. Folyo ile örtün ve sıcak tutun. Crockpot'u YÜKSEK konumuna getirin.

2. Su veya çorba ile mısır nişastasını bir kapta veya küçük bir kasede karıştırın; pürüzsüz olana kadar karıştırın. Tenceredeki sıvıya karıştırın. Üzerini kapatıp koyulaşana kadar pişirin. Koyulaştırılmış sosu tavukla birlikte servis edin.

3. Servis 4.

## İtalyan Tavuklu Spagetti, Yavaş Pişirici

### İÇERİK

- 1 kutu (8 ons) domates sosu
- 6 ila 8 kemiksiz, derisiz yarım tavuk göğsü
- 1 kutu (6 ons) domates salçası
- 3 yemek kaşığı su
- 3 orta boy diş sarımsak, kıyılmış
- 2 çay kaşığı kurutulmuş kekik yaprağı, ezilmiş
- 1 çay kaşığı şeker veya tadı
- sıcak pişmiş spagetti
- 4 ons rendelenmiş mozzarella peyniri
- Rendelenmiş parmesan peyniri

### HAZIRLIK

1. İstenirse tavuğu ısıtılmış yağda kızartın; deşarj. Serbestçe tuz ve karabiber serpin. Tavuğu yavaş pişiriciye yerleştirin. Domates sosu, salça, su, sarımsak, kekik ve şekeri karıştırın; Tavuğun üzerine dökün. Örtün ve 6 ila 8 saat DÜŞÜK olarak pişirin. Tavuğu çıkarın ve sıcak tutun. Ocağı yüksek

ateşe koyun, mozzarella peynirini sosun içine karıştırın. Peynir eriyene ve sos iyice ısınana kadar kapağın altında pişirin.
2. Tavuğu ve sosu sıcak pişmiş spagetti üzerinde servis edin. Parmesan peyniri ile servis yapın.
3. 6 ila 8 kişi için tasarlanmıştır.

## Kolay Tavuk Straganof

### İÇERİK

- 
- 1 su bardağı yağsız ekşi krema
- 1 yemek kaşığı Gold Metal çok amaçlı un
- 1 paket tavuk suyu karışımı (yaklaşık 1 ons)
- 1 bardak su
- 1 inçlik parçalar halinde kesilmiş 1 pound kemiksiz, derisiz tavuk göğsü
- 16 ons donmuş California yeşillikleri, çözülmüş
- 1 su bardağı dilimlenmiş mantar, haşlanmış
- 1 su bardağı donmuş bezelye
- 10 ons patates, soyulmuş ve 1 inçlik parçalar halinde kesilmiş, yaklaşık 2 orta boy soyulmuş patates
- 1 1/2 su bardağı Bisquick pişirme karışımı
- 4 yeşil soğan, doğranmış (1/3 su bardağı)
- 
- 1/2 su bardağı %1 az yağlı süt

### HAZIRLIK

1. Ekşi krema, un, sos karışımı ve suyu 3-1 / 2- ila 5-quart tencerede pürüzsüz olana kadar birleştirin. Tavuğu, sebzeleri ve mantarları karıştırın. Örtün ve

4 saat veya tavuk yumuşayana ve sos koyulaşana kadar pişirin. Bezelyeyi karıştırın. Pişirme karışımını ve soğanı karıştırın. Sütü ıslanana kadar karıştırın. Tavuk ve sebze karışımının üzerine yuvarlak bir kaşık hamur dökün. 45 ila 50 dakika veya köftelerin ortasına batırılan bir kürdan temiz çıkana kadar yüksek ateşte örtün ve pişirin.
2. Hemen 4 porsiyon servis yapın.

### Lilly's Peynir Soslu Yavaş Pişirilmiş Tavuk

**İÇERİK**

- 6 kemiksiz ve derisiz tavuk göğsü
- 2 kutu kremalı tavuk çorbası
- 1 kutu peynir çorbası
- tatmak için tuz, karabiber, sarımsak tozu

**HAZIRLIK**

1. Tavuk göğsünü sarımsak tozu, tuz ve karabiber serpin.
2. Yavaş pişiriciye 3 tavuk göğsü koyun. Tüm çorbaları birleştirin; İlk 3 tavuk göğsünün üzerine et suyunun yarısını dökün.
3. Kalan 3 tavuk göğsünü üstüne yerleştirin. Kalan çorbayı üstüne dökün.
4. Örtün ve 6 ila 8 saat DÜŞÜK olarak pişirin.

## *Meksika usulü tavuk göğsü*

### *İÇERİK*

- 2 yemek kaşığı bitkisel yağ

- 3 ila 4 kemiksiz, derisiz yarım tavuk göğsü, 1 inçlik parçalar halinde kesilmiş

- 1/2 bardak doğranmış soğan

- 1 yeşil biber (veya kırmızı biber kullanın)

- 1 ila 2 küçük jalapeno biber, ince kıyılmış

- 3 diş kıyılmış sarımsak

- 1 kutu (4 ons) hafif acı biber, doğranmış

- 1 kutu (14 1/2 ons) Meksika usulü doğranmış, kırmızı biber veya kavrulmuş domates

- 1 çay kaşığı kuru kekik yaprağı

- 1/4 çay kaşığı öğütülmüş kimyon

- rendelenmiş karışık Meksika peyniri

- Salsa

- 

### *Ek süslemeler*

- Ekşi krema

- Guacamole

- dilimlenmiş taze soğan

- doğranmış domates

- kıyılmış marul

- dilimlenmiş olgun zeytinler

- Kişniş

### *HAZIRLIK*
1. Yağı büyük bir tavada orta ateşte ısıtın. Kahverengi tavuk göğsü. Çıkarın ve boşaltın.
2. Aynı tavada soğan, yeşil biber, sarımsak ve jalapeno biberi yumuşayana kadar soteleyin.
3. Tavuk göğsü ve soğan karışımını yavaş pişiriciye yerleştirin.
4. Yavaş pişiriciye hafif kırmızı biber, domates, kekik ve kimyon ekleyin; birleştirmek için karıştırın.
5. DÜŞÜK'te 6 ila 8 saat (YÜKSEK'te 3 ila 4 saat) örtün ve pişirin.
6. En sevdiğiniz soslar ve çeşnilerle birlikte ılık un ekmeği, rendelenmiş peynir ve salsa ile servis yapın.
7. Guacamole veya ekşi krema, dilimlenmiş taze soğan veya doğranmış domates ile güzel bir garnitür olur.

*Paula'nın pırasalı tavuğu*

## İÇERİK

- 3-4 kilo kemikli tavuk parçaları
- 1/4-inç kalınlığında dilimler halinde kesilmiş 4 ila 6 patates
- 1 paket pırasa çorbası karışımı
- 1 adet ince dilimlenmiş pırasa veya 4 adet dilimlenmiş yeşil soğan
- 1/2 ila 1 bardak su
- Kırmızı biber
- Baharatlar •

## HAZIRLIK

1. Patatesleri tencerenin/yavaş pişiricinin dibine yerleştirin, üzerine soğan veya pırasa ekleyin, ardından tavuğu ekleyin. (Birkaç kat tavuk, tuz ve karabiber ekleyecekseniz alt katları ekleyin. Üst katı henüz baharatlamayın.) Pırasa çorbasını yaklaşık 1/2 su bardağı su ile birleştirin; hepsinin üzerine dökün. Tavuğun üst tabakasını baharatlayın. Bu noktada üzerine renk vermesi için pul biber de serpiyorum.

- İstenirse kıyılmış sarımsak ve biraz taze biberiye ekleyin.

Gerekirse daha fazla su ekleyerek 6 ila 7 saat kısık ateşte pişirin.

## *Arsız Jack Daniel's Izgara Tavuk Bagetleri*

### *İÇERİK*

- 5 ila 6 kilo tavuk budu
- 1 su bardağı çok amaçlı un
- 1 çay kaşığı tuz
- 1/2 çay kaşığı karabiber
- 

### *Barbekü Sosu*

- 1 1/2 su bardağı ketçap
- 4 yemek kaşığı tereyağı
- 1/2 fincan Jack Daniels veya diğer kaliteli viski
- 5 yemek kaşığı esmer şeker
- 3 yemek kaşığı pekmez
- 3 yemek kaşığı elma sirkesi
- 2 yemek kaşığı Worcestershire sosu
- 1 yemek kaşığı soya sosu
- 4 çay kaşığı Dijon hardalı veya gurme hardalı
- 2 çay kaşığı sıvı duman
- 1 1/2 çay kaşığı soğan tozu
- 1 çay kaşığı sarımsak tozu
- İsteğe bağlı, 1 yemek kaşığı sriracha veya daha fazlası (yaklaşık 1 çay kaşığı kırmızı biber yerine kullanılabilir)

- 1/2 çay kaşığı öğütülmüş karabiber

## *HAZIRLIK*

1. Folyo ile 2 kenarlı fırın tepsisini sıralayın; Yapışmaz pişirme spreyi ile püskürtün. Fırını 425 dereceye ısıtın.
2. Drajeleri un karışımı, 1 çay kaşığı tuz ve 1/2 çay kaşığı karabiber ile karıştırın.
3. Fırın tepsilerine dizin ve 20 dakika pişirin. Tamburları ters çevirin ve fırına geri dönün. 20 dakika daha veya güzelce kızarana kadar pişirin.
4. Bu arada sos malzemelerini orta boy bir tavaya koyun; İyice karıştırın ve orta ateşte kaynamaya bırakın.

5. Isıyı azaltın ve 5 dakika pişirin.
6. Bagetleri bir kaseye veya yavaş pişiriciye aktarın (eğer onları bir parti için sıcak tutacaksanız). Barbekü sosunun yaklaşık yarısını gezdirin. Hemen sosla servis yapın veya sıcak tutmak için yavaş pişiriciyi DÜŞÜK konuma getirin. Hemen servis etmeyecekseniz kalan sosu servis saatine kadar buzdolabında saklayın.
7. Bagetleri dip sos ile sıcak olarak servis edin. Elinizde bol miktarda peçete bulundurun.
8. Bu tariften yaklaşık 3 düzine parça çıkıyor ve 6-8 kişiye meze olarak yetiyor.

## Sherri's Tavuk ve Köfte

### İÇERİK

- 4 yarım tavuk göğsü
- 2 kutu tavuk suyu (3 1/2 su bardağı)
- 1 bardak su
- 3 küp tavuk suyu veya uygun bir et suyu veya granül
- 1 küçük havuç, doğranmış
- 1 küçük kereviz sapı, doğranmış
- 1/2 bardak doğranmış soğan
- 
- 12 büyük un ekmeği

### HAZIRLIK

1. Yavaş bir ocakta tortilla hariç tüm malzemeleri karıştırın. 8 ila 10 saat kısık ateşte pişirin. Tavuğu çıkarın ve eti kemiklerinden ayırın, ardından

çorbayı büyük bir tencerede ocağa koyun. Tavuğu ısırık büyüklüğünde parçalar halinde kesin ve ocaktaki et suyuna geri dönün. Yavaşça kaynamaya bırakın.
2. Ekmeği ikiye ve ardından 1 inçlik şeritler halinde kesin. Şeritleri kaynayan et suyuna koyun ve ara sıra karıştırarak 15 ila 20 dakika hafifçe pişirin. Çorba koyulaşmalıdır, ancak çok sıvı ise, 1 çorba kaşığı mısır nişastasını çözünecek kadar suyla karıştırın ve çorbaya karıştırın.
3. 5 ila 10 dakika daha pişirin.
4. 4 kişi için.

*Yavaş pişirmede basit tavuk barbeküsü*

İÇERİK

- 
- 3 kemiksiz yarım tavuk göğsü
- Seçtiğiniz 1 1/2 bardak baharatlı barbekü sosu ve servis için daha fazlası
- 1 orta boy soğan, dilimlenmiş veya doğranmış
- kızarmış çörekler
- 
- servis için lahana salatası

**HAZIRLIK**

1. Tavuk göğsünü yıkayıp kurulayın. 1 1/2 su bardağı barbekü sosu ve soğan ile yavaş tencereye koyun. Tavuğu kaplamak için karıştırın. Örtün ve 3 saat boyunca YÜKSEK pişirin.
2. Tavuk göğüslerini bir tabağa alın ve doğrayın veya parçalayın. Dilimlenmiş tavuğu yavaş pişiricideki sosa geri koyun; birleştirmek için karıştırın. Örtün ve 10 dakika daha pişirin.
3. Lahana salatası ve ek barbekü sosu ile kızarmış çörekler üzerinde dilimlenmiş tavuk servis yapın.
4. 4 ila 6 kişi için tasarlanmıştır.

## Yavaş Tencerede Tavuk Dijon

### İÇERİK

- 1 ila 2 pound ihale tavuk göğsü
- 1 kutu yoğunlaştırılmış tavuk suyu kreması, seyreltilmemiş (10 1/2 ons)
- 2 yemek kaşığı normal veya granül Dijon hardalı
- 1 yemek kaşığı mısır nişastası
- 1/2 bardak su
- zevkinize biber
- 1 çay kaşığı kuru maydanoz yaprağı veya 1 yemek kaşığı taze kıyılmış maydanoz

### HAZIRLIK

1. Tavuğu yıkayın ve kurutun; yavaş pişiriciye koyun. Çorbayı hardal ve mısır nişastasıyla birleştirin; Su ekleyin ve karıştırın. Maydanoz ve biberle karıştırın. Karışımı tavukların üzerine dökün. Örtün ve 6 ila 7 saat DÜŞÜK olarak pişirin. Sıcak haşlanmış pirinç ve sebze garnitür ile servis yapın.
2. Tavuk Dijon tarifi 4 ila 6 kişiliktir.

## *Yavaş pişirmede ızgara tavuk*

### İÇERİK

- 3 ila 4 kilo tavuk parçası
- 1 büyük soğan, iri kıyılmış
- 1 şişe barbekü sosu

### HAZIRLIK

1. Tavuğu yavaş pişiricinin veya tencerenin dibine koyun ve soğanları ve barbekü sosunu ekleyin. DÜŞÜK ayarda yaklaşık 6 ila 8 saat veya tavuk yumuşayana ancak parçalanmayana kadar pişirin.
2. 4 ila 6 kişi için tasarlanmıştır.

*Yavaş pişirmede ızgara tavuk zabatak*

İÇERİK

- 1/2 su bardağı un

- 1/2 çay kaşığı sarımsak tozu

- 1 çay kaşığı kuru hardal

- 1 çay kaşığı tuz

- 1/4 çay kaşığı biber

- 8 adet tavuk budu

- 2 yemek kaşığı bitkisel yağ

- 1 su bardağı kalın barbekü sosu

HAZIRLIK

1. Un, sarımsak tozu, hardal, tuz ve karabiberi bir gıda saklama torbasına koyun. Her seferinde birkaç parça tavuk ekleyin ve iyice kaplamak için sallayın. Yağı büyük bir tavada ısıtın; Tavuğu ekleyin ve her tarafını kızartın. Barbekü sosunun yarısını

tencereye koyun; Tavuğu ekleyin ve kalan sosu ekleyin. 6 ila 7 saat veya tavuk yumuşayana ve meyve suları berraklaşana kadar pişirin.
2. 4 ila 6 kişi için tasarlanmıştır.

## *Yavaş Pişirilmiş Tavuk ve Sosisli Makarna Sosu*

### İÇERİK

- 1 yemek kaşığı zeytinyağı
- 4 diş ezilmiş sarımsak
- 1/2 bardak doğranmış soğan
- 1 kırmızı dolmalık biber, doğranmış
- 1 yeşil biber, doğranmış
- 1 küçük kabak, doğranmış
- 1 konserve (4 ons) mantar
- 1 kutu domates, İtalyan çeşnili
- 1 kutu (6 ons) domates salçası
- 3 parça tatlı İtalyan sosisi
- 4 adet kemiksiz tavuk göğsü, şeritler halinde kesilmiş
- 1 çay kaşığı İtalyan çeşnisi•
- isteğe bağlı pul biber

### HAZIRLIK

1. Yağı bir tavada ısıtın. Soğanı ve sarımsağı hafif kahverengi olana kadar soteleyin. Toplamak.
2. Sosis ekleyin; her yer kahverengi Tavuğu ekleyin ve kızarana kadar pişirin. Fazla yağı boşaltın. Sosisleri 1 inçlik parçalar halinde kesin. Kalan tüm malzemeleri yavaş bir ocakta soğan ve sarımsakla

karıştırın. Sosisleri, ardından tavuk şeritlerini ekleyin. Örtün ve tavuk yumuşayana ve kuruyana kadar 4 ila 6 saat DÜŞÜK olarak pişirin.
3. Bu lezzetli sosu sıcak pişmiş makarnanın üzerine servis edin.
4. 4 kişi için.

*Yavaş pişirmede tavuk köri*

## İÇERİK

- 2 bütün tavuk göğsü, kemikleri çıkarılmış ve doğranmış
- 1 kutu kremalı tavuk çorbası
- 1/4 su bardağı kuru şeri
- 2 yemek kaşığı. tereyağı veya margarin
- 2 baş taze soğan, ince kıyılmış
- 1/4 çay kaşığı. köri tozu
- 1 çay kaşığı. tuz
- Bir tutam biber
- 

sıcak pişmiş pirinç

## HAZIRLIK

1. Tavuğu fırına dayanıklı bir kaba koyun. Pirinç hariç kalan tüm malzemeleri ekleyin. Örtün ve 4 ila 6 saat boyunca 2 ila 3 saat düşük veya yüksek sıcaklıkta pişirin. Sıcak pilav ile servis yapın.

## Pilav ile yavaş pişirmede tavuk köri

### İÇERİK

- Şeritler veya 1 inçlik parçalar halinde kesilmiş 4 kemiksiz, derisiz tavuk göğsü
- Dörde bölünmüş ve ince dilimlenmiş 2 büyük soğan
- 3 diş kıyılmış sarımsak
- 1 yemek kaşığı soya sosu veya Tamari
- 1 çay kaşığı Madras köri tozu
- 2 çay kaşığı kırmızı biber
- 1 çay kaşığı zerdeçal
- 1 çay kaşığı öğütülmüş zencefil
- 1/3 su bardağı tavuk suyu veya su
- tatlandırmak için tuz ve taze çekilmiş karabiber
- sıcak pişmiş pirinç

### HAZIRLIK

1. Yavaş bir tencerede veya tencerede pirinç dışındaki tüm malzemeleri karıştırın.
2. Örtün ve 6 ila 8 saat veya tavuk yumuşayana kadar pişirin.
3. Tatlandırın ve gerekirse tuz ve karabiber ekleyin.

4. Pirinç veya erişte üzerinde servis yapın

## Yavaş Tencerede Tavuk Enchiladas

### İÇERİK

- 3 su bardağı doğranmış pişmiş tavuk
- 3 su bardağı rendelenmiş Meksika biber peyniri, bölünmüş
- 1 kutu (4,5 ons) doğranmış yeşil biber
- 1/4 su bardağı kıyılmış taze kişniş
- 1 1/2 su bardağı bölünmüş ekşi krema
- 8 un ekmeği (8 inç)
- 1 su bardağı domatesli salsa
- Önerilen garnitürler: doğranmış domates, dilimlenmiş yeşil soğan, olgun zeytin, jalapeño halkaları, doğranmış taze kişniş

### HAZIRLIK

1. 4 ila 6 litrelik yavaş pişiriciyi hafifçe yağlayın.
2. Bir kapta, doğranmış tavuğu 2 su bardağı rendelenmiş peynir, doğranmış yeşil biber, 1/4 su bardağı kıyılmış kişniş ve 1/2 su bardağı ekşi

krema ile birleştirin; Malzemeleri birleştirmek için karıştırın.
3. Tavuk karışımının bir kısmını ekmeğin ortasına koyun ve karışımı sekiz somunun tamamına eşit şekilde yayın. Onları yuvarlayın ve dikiş tarafı aşağı gelecek şekilde hazırlanan tencereye yerleştirin.
4. Gerekirse ekmeği istifleyin.
5. Küçük bir kapta salsayı kalan 1 su bardağı ekşi krema ile karıştırın. Karışımı tortillaların üzerine yayın.
6. Örtün ve 4 saat DÜŞÜK olarak pişirin. Kalan rendelenmiş peyniri tortillaların üzerine serpin. Örtün ve 20 ila 30 dakika daha DÜŞÜK olarak pişirin.
7. 4 ila 6 kişi için tasarlanmıştır.

## Sebzeli yavaş pişirmede tavuk fricasee

### İÇERİK

- 4 ila 6 kemiksiz, derisiz yarım tavuk göğsü
- tadına göre biber ve tuz
- 2 yemek kaşığı tereyağı
- 2 diş kıyılmış sarımsak
- 3 yemek kaşığı çok amaçlı un
- 2 su bardağı düşük sodyumlu tavuk suyu
- 1 çay kaşığı kuru kekik
- 1/2 çay kaşığı kuru tarhun yaprağı
- 2 inçlik parçalar halinde kesilmiş 3 ila 4 havuç
- 2 soğan, ikiye bölünmüş, kalın dilimlenmiş
- 2 büyük pırasa, sadece beyaz kısmı, yıkayın ve doğrayın
- 1 defne yaprağı
- 1/2 su bardağı yarı mamul veya hafif krema
- 1 1/2 su bardağı donmuş bezelye, çözülmüş

### HAZIRLIK

1. Tavuk göğsünü yıkayıp kurulayın. Bir kenara bırak. Kıyılmış sarımsağı tereyağında bir dakika kavurun, ardından unu ekleyin ve karışım pürüzsüz hale

gelinceye kadar karıştırarak pişirin. Et suyunu (stokların bir kısmı yerine 1/4 bardak sek beyaz şarap veya şeri kullanabilirsiniz), kekik ve tarhun dökün ve koyulaşana kadar karıştırın. Bir tavaya soğan, havuç, tavuk ve ardından pırasayı koyun; Hepsinin üzerine sosu gezdirin. Defne yaprağı ekleyin. Örtün ve DÜŞÜK ayarda 6 ila 7 saat veya YÜKSEK ayarda 3 ila 5 saat pişirin.
2. Düşük seviyede pişiriyorsanız, yüksek seviyeye getirin ve yarısını ve çözülmüş bezelyeyi karıştırın. Örtün ve 15 dakika daha veya bezelye iyice ısınana kadar yüksek ateşte pişirmeye devam edin. Baharatları tadın ve ayarlayın. Servis yapmadan önce defne yaprağını çıkarın.
3. 4 ila 6 kişi için tasarlanmıştır.

*Baharatlı soslu yavaş pişirilmiş tavuk*

## İÇERİK

- 1/2 c. domates suyu
- 1/2 c. soya sosu
- 1/2 c. esmer şeker
- 1/4 c. tavuk çorbası
- 3 diş kıyılmış sarımsak
- Derisiz 3 ila 4 kilogramlık tavuk parçaları

## HAZIRLIK

1. Tavuk hariç tüm malzemeleri derin bir kapta karıştırın. Her tavuk parçasını sosa batırın. Yavaş pişiriciye yerleştirin. Kalan sosu üstüne dökün. Düşükte 6 ila 8 saat veya yüksekte 3 ila 4 saat pişirin.
2. 6 porsiyon yapar.

## Yavaş Tencerede Köri Tozlu Madras Tavuğu

### İÇERİK

- İnce dilimler halinde kesilmiş 3 adet soğan
- 4 elma, soyulmuş, çekirdekleri çıkarılmış ve ince dilimlenmiş
- 1 çay kaşığı tuz
- 1 ila 2 çay kaşığı köri tozu veya tadı
- 1 kavrulmuş tavuk, doğranmış
- Kırmızı biber

### HAZIRLIK

1. Tencerede soğanları ve elmaları birleştirin; Tuz ve köri serpin. İyice karıştırın. Tavuk derisini soğan karışımının üzerine yerleştirin. Kırmızı biberle serbestçe serpin.
2. Örtün ve tavuk yumuşayana kadar 6 ila 8 saat DÜŞÜK olarak pişirin.
3. Tadına bakın ve gerekirse daha fazla baharat ekleyin.
4. 4 kişi için.

*Yavaş pişirmede mantarlı tavuk*

### İÇERİK

- 6 adet derisiz kemikli tavuk göğsü
- 1 1/4 çay kaşığı tuz
- 1/4 çay kaşığı biber
- 1/4 çay kaşığı kırmızı biber
- 1 3/4 çay kaşığı tavuk aromalı et suyu veya tavuk suyu
- 1 1/2 su bardağı dilimlenmiş taze mantar
- 1/2 su bardağı dilimlenmiş yeşil soğan
- 1/2 bardak sek beyaz şarap
- 1/2 su bardağı buharlaştırılmış süt
- 5 çay kaşığı mısır nişastası
- taze kıyılmış maydanoz

### *HAZIRLIK*

1. Tavuğu yıkayın ve kurutun. Tuz, karabiber ve kırmızı biberi bir kapta karıştırın. Bütün karışımı tavuğun üzerine sürün. Yavaş bir tencereye dönüşümlü olarak tavuğu, bulyon küplerini veya yapraklarını, mantarları ve taze soğanları yerleştirin. Yavaşça şarabı dökün. Malzemeleri karıştırmayın. Örtün ve yüksekte 2 1/2 ila 3 saat

veya düşükte 5 ila 6 saat veya tavuk yumuşayana ancak parçalanmayana kadar pişirin.
2. Tavuğu ve sebzeleri oluklu bir kaşıkla bir tabağa veya servis kasesine alın. Folyo ile örtün ve tavuğu sıcak tutun. Küçük bir tencerede, buharlaştırılmış süt ve mısır nişastasını birleştirin, karışım pürüzsüz olana kadar karıştırın. 2 bardak pişirme sıvısını yavaşça karıştırın. Orta ateşte karıştırarak kaynatın; 1 dakika veya kalınlaşana kadar pişirmeye devam edin. Sosun bir kısmını tavuğun üzerine dökün ve istenirse maydanozla süsleyin. İstenirse, sıcak haşlanmış pirinç veya erişte ile servis yapın.

## *Yavaş Pişirici Cordon Bleu*

### *İÇERİK*

- 6 yarım tavuk göğsü, kemiksiz, derisiz - biraz yassılaştırmak için çırpın
- 6 ince dilim jambon
- 6 ince dilim İsviçre peyniri
- Kaplama için 1/4 ila 1/2 bardak un
- 1/2 pound dilimlenmiş mantar
- 1/2 su bardağı tavuk suyu
- 1/2 bardak sek beyaz şarap (veya tavuk suyu kullanın)
- 1/2 çay kaşığı ezilmiş biberiye
- 1/4 su bardağı rendelenmiş Parmesan peyniri
- 2 çay kaşığı mısır nişastasını 1 yemek kaşığı soğuk suyla karıştırın
- tadına göre biber ve tuz

### *HAZIRLIK*

1. Her bir düzleştirilmiş tavuk göğsünün üzerine bir dilim jambon ve bir dilim peynir koyun ve yuvarlayın. Kürdan ile sabitleyin ve kaplama için her birini un içinde yuvarlayın. Mantarları yavaş pişiriciye, ardından tavuk göğsüne koyun. Et suyu,

şarap (kullanılıyorsa) ve biberiye ile çırpın; Tavuğun üzerine dökün. Parmesan peyniri serpin. Örtün ve 6 ila 7 saat kısık ateşte pişirin. Servis yapmadan hemen önce tavuğu çıkarın; sıcak tut
2. Yavaş pişiricideki meyve sularına mısır nişastası karışımı ekleyin; koyulaşana kadar karıştırın. Tuz ve karabiberle tatlandırın, ardından baharatı tadın ve ayarlayın. Sosu tavuk ruloların üzerine dökün ve servis yapın.
3. Hizmet 6.

## Yavaş Pişirici Dijon Tavuğu

### İÇERİK

- 4 kemiksiz yarım tavuk göğsü

- 1 yemek kaşığı bal Dijon hardalı

- tuz ve iri çekilmiş karabiber veya acı biber

- 2 paket (her biri 8 ons) bebek ıspanak veya 1 pound yıkanmış ve kurutulmuş taze ıspanak yaprağı

- 2 yemek kaşığı tereyağını küçük parçalar halinde kesin

- isteğe bağlı kıyılmış taze kişniş veya maydanoz

- isteğe bağlı kavrulmuş badem dilimleri

### HAZIRLIK

1. Yavaş pişiriciyi yağlayın veya yapışmaz pişirme spreyi ile püskürtün.
2. Tavuk göğsünü yıkayıp kurulayın.
3. Tavuğu ballı hardalla ovalayın; tuz ve karabiber serpin.
4. Tavuk göğsünü yavaş pişiriciye yerleştirin. Üzerine ıspanağı yerleştirin.
5. Yavaş pişiriciniz tüm ıspanak için çok küçükse, kısaca buharlayın ve solmuş ıspanak yapraklarını ekleyin.

6. Ispanağı tereyağı ile fırçalayın ve daha fazla tuz ve karabiber serpin.
7.
8. Servis yapmadan önce kişniş veya maydanozla süsleyin veya istenirse kavrulmuş badem serpin.
9. Örtün ve 5 ila 6 saat DÜŞÜK olarak pişirin.

• Bademleri kızartmak için kuru bir tavaya orta ateşte ekleyin. Hafifçe kızarana ve aromatik olana kadar sürekli karıştırarak pişirin.

*Yavaş pişirmede limonlu tavuk*

### İÇERİK

- 1 piliç, küpler halinde kesilmiş veya yaklaşık 3 1/2 kilo tavuk parçası
- 1 çay kaşığı ezilmiş kuru kekik yaprağı
- 2 diş kıyılmış sarımsak
- 2 yemek kaşığı tereyağı
- 1/4 fincan sek şarap, şeri, tavuk suyu veya su
- 3 yemek kaşığı limon suyu
- Tuz ve biber

### HAZIRLIK

1. Tavuk parçalarını tuzlayın ve biberleyin. Tavuğun üzerine sarımsak ve kekiğin yarısını serpin.

2. Tereyağını orta ateşte bir tavada eritin ve tavukları kızartın.
3. Tavuğu fırına dayanıklı bir kaba aktarın. Kalan kekik ve sarımsak serpin. Kızartma tavasına şarap veya şeri ekleyin ve kızartılmış parçaları gevşetmek için karıştırın; Yavaş pişiriciye dökün.
4. Örtün ve DÜŞÜK (200°) sıcaklıkta 7 ila 8 saat pişirin. Son bir saat içinde limon suyunu ekleyin.
5. Meyve sularından yağları çıkarın ve servis kasesine dökün; istenirse, meyve sularını koyulaştırın.
6. Tavuk suyu ile servis yapın.
7. 4 kişi için.

## *Yavaş pişmiş tavuk*

### İÇERİK

- 1 yemek kaşığı tereyağı

- 1 bardak doğranmış soğan

- 1/2 çay kaşığı kıyılmış sarımsak

- 1 1/2 bardak domates ketçapı

- 1/2 su bardağı kayısı veya şeftali reçeli

- 3 yemek kaşığı elma sirkesi

- 2 yemek kaşığı Worcestershire sosu

- 2 çay kaşığı sıvı duman

- 2 yemek kaşığı pekmez

- yenibahar rendeleyin

- 1/4 çay kaşığı taze çekilmiş karabiber

- 1/8 ila 1/4 çay kaşığı toz kırmızı biber

- 1 kg kemiksiz tavuk göğsü

- 1 pound kemiksiz tavuk budu

## HAZIRLIK

1. Tereyağını orta ateşte orta-yüksek bir tavada eritin. Tereyağı eriyince yemeklik doğranmış kuru soğanı ekleyin ve karıştırarak soğanlar yumuşayıncaya ve hafif pembeleşinceye kadar kavurun. Doğranmış sarımsağı ekleyin ve yaklaşık 1 dakika daha karıştırarak pişirin. Ketçap, kayısı reçeli, sirke, Worcestershire sosu, sıvı duman, pekmez, yenibahar, karabiber ve kırmızı biberi ekleyin. 5 dakika kaynatın.
2. Yavaş pişiriciye 1 1/2 bardak sos koyun.
3. Kalan sosu ayırın; bir kaba koyun ve servis yapana kadar buzdolabında saklayın. Tavuk parçalarını yavaş pişiriciye ekleyin. Örtün ve 4 1/2 ila 5 saat veya tavuk yumuşayana ve kolayca parçalanana kadar DÜŞÜK olarak pişirin. Tavuk parçalarını çatalla parçalayın.
4. Lahana salatası ve ek barbekü sosu ile bölünmüş kızarmış çörekler üzerinde servis yapın.
5. Menüde ayrıca patates salatası veya kuru fasulye, dilimlenmiş turşu ve domatesli fırında patates yer alıyor. Lahana salatası ve ızgara turşu severim ama diğer soslar arasında jalapeno biber halkaları, ince dilimlenmiş kırmızı soğan, sade rendelenmiş lahana ve dilimlenmiş domates veya salatalık yer alabilir.
6. 8 kişi

*Füme sosis ve lahana*

## İÇERİK

- 
- 1 küçük baş lahana, iri kıyılmış

- 
- 1 büyük soğan, iri kıyılmış

- 1 ila 2 pound hindi köftesi veya kielbasa tütsülenmiş sosis, 1 ila 2 inçlik parçalar halinde kesilmiş

- 1 bardak elma suyu

- 1 yemek kaşığı dijon hardalı

- 1 yemek kaşığı elma sirkesi

- 1 ila 2 yemek kaşığı esmer şeker

- İstenirse 1 çay kaşığı kimyon tohumu

- zevkinize biber

## HAZIRLIK

1. Lahanayı, soğanı ve sosisi 5- veya 6-litrelik yavaş pişiriciye yerleştirin (3 1/2-litrelik bir tencere

yapmak için daha az lahana kullanın veya yaklaşık 10 dakika soteleyin, ardından süzün ve ekleyin). Kullanıyorsanız, meyve suyu, hardal, sirke, esmer şeker ve kimyon tohumlarını birleştirin; Yavaş pişiren malzemelerin üzerine dökün. Tatmak için biber serpin. Örtün ve 8 ila 10 saat kısık ateşte pişirin. İstenirse patates ve yeşil salata ile servis yapın.

## İspanyol pilavlı tavuk

### İÇERİK

- 4 derisiz yarım tavuk göğsü
- 1/4 çay kaşığı tuz
- 1/4 çay kaşığı biber
- 1/4 çay kaşığı kırmızı biber
- 1 yemek kaşığı bitkisel yağ
- 1 orta boy soğan, doğranmış
- 1 küçük kırmızı biber, doğranmış (veya doğranmış közlenmiş kırmızı biber)
- 3 diş kıyılmış sarımsak
- 1/2 çay kaşığı kuru biberiye
- 1 kutu (14 1/2 ons) ezilmiş domates
- 1 paket (10 ons) dondurulmuş bezelye

### HAZIRLIK

1. Tavuğu tuz, karabiber ve kırmızı biberle baharatlayın. Yağı bir tavada ısıtın ve tavuğu orta ateşte her taraftan kızartın. Tavuğu yavaş pişiriciye aktarın.
2. Dondurulmuş bezelye hariç kalan malzemeleri küçük bir kapta birleştirin. Tavuğun üzerine

dökün. Örtün ve düşükte 7 ila 9 saat veya yüksekte 3 ila 4 saat pişirin. Servis yapmadan bir saat önce bezelyeleri bir kevgir içinde ılık su altında durulayın ve ardından tencereye ekleyin. Bu tavuk yemeğini sıcak haşlanmış pirinçle servis edin.

*Tama'nın tavuk budu ızgarada*

### İÇERİK

- 6 ila 8 adet donmuş tavuk budu

- 1 şişe kalın barbekü sosu

### HAZIRLIK

1. Dondurulmuş tavuk butlarını yavaş pişiriciye yerleştirin. Üzerlerine barbekü sosu gezdirin. Örtün ve 6 ila 8 saat YÜKSEK pişirin.
2. •Not: Çözülmüş bir tavuk budu ile başlıyorsanız, önce derisini çıkarabilir veya yağını azaltmak için 6 ila 8 saat DÜŞÜK ısıda pişirebilirsiniz.

*Tamino Kızarmış Tavuk Mozzarella*

### İÇERİK

- 4 tavuk budu

- 2 yemek kaşığı baharat, sarımsak, biber

- 1 kutu domates soslu kabak

- 4 ons rendelenmiş Mozzarella peyniri

### HAZIRLIK

1. Tavuğu yavaş pişiriciye koyun ve baharat serpin. Tavuğun üzerine domates soslu kabak dökün. Örtün ve 6 ila 8 saat DÜŞÜK olarak pişirin. Peynir serpin ve peynir eriyene kadar yaklaşık 30 dakika pişirin.

## Beyaz biberli tavuk eti

### İÇERİK

- 1/2 inçlik parçalar halinde kesilmiş 4 adet kemiksiz, derisiz yarım tavuk göğsü
- 1/2 su bardağı kıyılmış kereviz
- 1/2 bardak doğranmış soğan
- 2 kutu (her biri 14,5 ons) haşlanmış domates, doğranmış
- 16 ons. Bal. salsa veya picante sosu
- 1 kutu nohut veya süzülmüş barbunya
- 6 ila 8 ons. dilimlenmiş mantar
- Zeytin yağı

### HAZIRLIK

1. 1 yemek kaşığı zeytinyağında tavukları kavurun. Kereviz, soğan ve mantarları doğrayın. Tüm malzemeleri büyük bir yavaş pişiricide birleştirin; karıştırın ve 6-8 saat kısık ateşte pişirin. Huysuz ekmek veya taco cips ile servis yapın. • Baharatlı seviyorsanız sıcak salsa veya picante sos kullanın.

### Yavaş pişirmede tavuk ve siyah fasulye

**İÇERİK**

- 3 ila 4 kemiksiz tavuk göğsü, şeritler halinde kesilmiş
- 1 konserve (12 ila 15 ons) mısır, süzülmüş
- 1 kutu (15 ons) siyah fasulye, durulanmış ve süzülmüş
- 2 çay kaşığı kimyon
- 2 çay kaşığı kırmızı biber
- 1 soğan, ikiye bölünmüş ve ince dilimlenmiş
- Şeritler halinde kesilmiş 1 yeşil biber
- 1 kutu (14,5 ons) doğranmış domates
- 1 kutu (6 ons) domates salçası

**HAZIRLIK**

1. Tüm malzemeleri yavaş bir tencerede karıştırın. Örtün ve 5 ila 6 saat kısık ateşte pişirin.
2. İsteğe göre rendelenmiş kaşar peyniri ile süsleyin. Fiesta tavuğu ve siyah fasulyeyi ılık un tortillasıyla veya pilavın üzerinde servis edin.
3. 4 kişi için.

*Tavuk ve sos, yavaş ocak*

## İÇERİK

- 1 poşet Baharatlı Doldurma Karışımı, 14 ila 16 ons
- 3 ila 4 su bardağı pişmiş doğranmış tavuk
- 3 kutu kremalı tavuk çorbası
- 1/2 su bardağı süt
- 1 ila 2 bardak rendelenmiş çedar peyniri

## HAZIRLIK

1. Dolgu karışımını paketin üzerindeki talimatlara göre hazırlayın ve 5 litrelik bir kaba koyun. 2 kutu kremalı tavuk çorbasını karıştırın. Bir karıştırma kabında, doğranmış tavuk, 1 kutu kremalı tavuk çorbası ve sütü birleştirin. Yavaş pişiricideki dolgunun üzerine yayın. Üzerine peynir serpin. Örtün ve düşük seviyede 4 ila 6 saat veya yüksek sıcaklıkta 2 ila 3 saat pişirin.
2. 6 ila 8 kişi için tasarlanmıştır.

*Tavuk ve mantar, yavaş ocak*

### İÇERİK

- 6 yarım tavuk göğsü, kemikli, derisiz
- 1 1/4 çay kaşığı. tuz
- 1/4 çay kaşığı. biber
- 1/4 çay kaşığı. Kırmızı biber
- 2 çay kaşığı granül tavuk suyu
- 1 1/2 su bardağı dilimlenmiş mantar
- 1/2 su bardağı dilimlenmiş yeşil soğan
- 1/2 bardak sek beyaz şarap
- 2/3 su bardağı buharlaştırılmış süt
- 5 çay kaşığı. Mısır nişastası
- Kıyılmış taze maydanoz
- sıcak pişmiş pirinç

### HAZIRLIK

1. Küçük bir kasede tuz, karabiber ve kırmızı biberi karıştırın. Karışımın tamamını tavuğun içine sürün.
2. Yavaş pişiriciye dönüşümlü olarak tavuğu, bulyon küplerini, mantarları ve yeşil soğanları yerleştirin. Şarabı dökün. KARIŞTIRMA.

3. Örtün ve YÜKSEK'te 2 1/2 ila 3 saat veya DÜŞÜK'te 5 ila 6 saat veya tavuk yumuşayana ancak kemikten düşene kadar pişirin. Mümkünse, pişirme işleminin yaklaşık yarısında bir tanesini yağlayın.
4. Tavuğu ve sebzeleri oluklu bir kaşıkla bir tabağa alın.
5. Folyo ile örtün ve sıcak tutun.
6. Küçük bir tencerede, buharlaştırılmış süt ve mısır nişastasını pürüzsüz olana kadar çırpın. 2 bardak pişirme sıvısını yavaşça karıştırın. Orta ateşte karıştırarak kaynatın ve 1 ila 2 dakika veya koyulaşana kadar pişirin.
7. Sosun bir kısmını tavuğun üzerine dökün ve kıyılmış maydanozla süsleyin. Yanında kalan sosu servis edin.
8. Sıcak haşlanmış pirinçle servis yapın.

## Tavuk ve Parmesan pirinci, Yavaş Pişirme

### İÇERİK

- 1 zarf soğan çorbası karışımı

- 1 konserve (10 3/4 ons) yoğunlaştırılmış kremalı mantar çorbası, yağı azaltılmış

- 1 kutu (10 3/4 ons) yoğunlaştırılmış tavuk suyu kreması, yağı azaltılmış

- 1 1/2 su bardağı yağsız veya yağsız süt

- 1 bardak sek beyaz şarap

- 1 bardak beyaz pirinç

- 6 kemiksiz, derisiz tavuk göğsü

- 2 yemek kaşığı tereyağı

- 2/3 su bardağı rendelenmiş Parmesan peyniri

### HAZIRLIK

1. Soğan çorbası, yoğunlaştırılmış krema çorbası, süt, şarap ve pirinci karıştırın. Crock Pot w/pam püskürtün. Tavuk göğüslerini tavaya koyun, 1 çay kaşığı tereyağı ile kaplayın, çorba karışımını her şeyin üzerine dökün, ardından Parmesan peyniri serpin. Düşükte 8 ila 10 saat veya yüksekte 4 ila 6 saat pişirin. Hizmet 6.

*tavuk ve karides*

## İÇERİK

- 2 kg tavuk, kemiksiz but ve göğüs, derisi alınmış, parçalar halinde kesilmiş
- 2 yemek kaşığı sızma zeytinyağı
- 1 su bardağı doğranmış soğan
- 2 diş kıyılmış sarımsak
- 1/4 su bardağı kıyılmış maydanoz
- 1/2 bardak beyaz şarap
- 1 büyük kutu (15 ons) domates sosu
- 1 çay kaşığı kuru fesleğen
- 1 pound pişmemiş karides, soyulmuş ve kabuğu çıkarılmış
- tatlandırmak için tuz ve taze çekilmiş karabiber
- 1 pound fettuccine, linguine veya spagetti

## HAZIRLIK

1. Zeytinyağını büyük bir tavada veya tavada orta-yüksek ateşte ısıtın. Tavuk parçalarını ekleyin ve hafifçe kızarana kadar karıştırarak pişirin. Tavuğu yavaş pişiriciye çıkarın.
2. Tavaya biraz daha yağ ekleyin ve soğan, sarımsak ve maydanozu yaklaşık 1 dakika soteleyin. Ateşten

alın ve şarap, domates sosu ve kuru fesleğenle karıştırın. Karışımı yavaş pişiricideki tavuğun üzerine dökün.
3. Örtün ve 4 ila 5 saat DÜŞÜK olarak pişirin.
4. Karidesleri ilave edin, üzerini kapatın ve DÜŞÜK ayarda yaklaşık 1 saat daha pişirin.
5. tuz ve taze çekilmiş karabiber serpin.
6. Makarnayı pişirmeden hemen önce kaynayan tuzlu suda paketin üzerindeki talimatlara göre pişirin.

## *tavuk ve dolma tarifi*

### İÇERİK

- 4 kemiksiz, derisiz tavuk göğsü
- 4 dilim İsviçre peyniri
- 1 kutu (10 1/2 ons) yoğunlaştırılmış kremalı tavuk çorbası
- 1 kutu (10 1/2 ons) yoğunlaştırılmış kremalı mantar çorbası
- 1 bardak tavuk suyu
- 1/4 su bardağı süt
- 2 ila 3 bardak Pepperidge Farm Herb Doldurma Karışımı veya Ev Yapımı Doldurma Karışımı
- 1/2 su bardağı eritilmiş tereyağı • Sandy'nin Notlarına Bakın
- tadına göre biber ve tuz

### HAZIRLIK

1. Tavuk göğsünü tuzlayın ve karabiber ekleyin; Tavuk göğsünü yavaş pişiriciye yerleştirin.

2. Tavuk suyunu tavuk göğsünün üzerine dökün.

3. Her göğsün üzerine bir dilim İsviçre peyniri koyun.

4. Her iki kutu çorbayı ve sütü birleştirin. Çorba karışımını tavuk göğüslerinin üzerine dökün.

5. Her şeyi dolgu karışımıyla serpin. Üzerine eritilmiş tereyağını gezdirin.

6. 6-8 saat kısık ateşte pişirin.

## Kremalı creole soslu tavuk göğsü

### İÇERİK

- 1 demet taze soğan (6-8 adet yeşil kısmı en fazla olan)
- 2 dilim domuz pastırması
- 1 çay kaşığı Creole veya Cajun çeşnisi
- 3 yemek kaşığı tereyağı
- 4 yemek kaşığı un
- 3/4 su bardağı tavuk suyu
- 1 ila 2 yemek kaşığı domates salçası
- 4 kemiksiz yarım tavuk göğsü
- 1/4 ila 1/2 bardak yarım buçuk veya süt

### HAZIRLIK

1. Orta-düşük ısıda bir tencerede tereyağını eritin. Soğan ve pastırmayı ekleyin, pişirin ve 2 dakika karıştırın. Unu ekleyin, karıştırın ve 2 dakika daha pişirin. tavuk suyu ekleyin; Koyulaşana kadar pişirin ve domates salçasını ekleyin. Tavuk göğsünü yavaş pişiriciye/güveç tenceresine koyun;

Sos karışımını ekleyin. Örtün ve 6 ila 7 saat kısık ateşte pişirin, 3 saat sonra karıştırın. Bitmeden 20 ila 30 dakika önce sütü karıştırın. Makarna veya pilav ile servis yapın.
2. 4 kişi için.

*hominy ile tavuk biber*

## İÇERİK

- 1 ila 1 1/2 inçlik parçalar halinde kesilmiş 2 pound kemiksiz, derisiz tavuk göğsü

- 1 orta boy soğan, doğranmış

- İnce dilimler halinde kesilmiş 3 diş sarımsak

- 1 kutu (15 ons) beyaz hominin, süzülmüş

- 1 konserve (14 ons) doğranmış domates, suyu çıkarılmamış

- 1 konserve (28 ons) domates, süzülmüş ve doğranmış

- 1 kutu (4 ons) parlak yeşil biber

## HAZIRLIK

1. Tüm malzemeleri yavaş bir tencerede karıştırın; Tüm malzemeleri birleştirmek için karıştırın. Örtün ve düşükte 7 ila 9 saat veya yüksekte 4 ila 4 1/2 saat pişirin.
2. 4 ila 6 kişi için tasarlanmıştır.

*tavuk lezzetli*

## İÇERİK

- 6 ila 8 kemiksiz ve derisiz yarım tavuk göğsü
- limon suyu
- tadına göre biber ve tuz
- damak tadınıza göre kereviz tuzu veya baharatlı tuz
- tatmak için kırmızı biber
- 1 kutu kremalı kereviz çorbası
- 1 kutu kremalı mantar çorbası
- 1/3 bardak sek beyaz şarap
- Parmesan'ı kendi zevkinize göre rendeleyin
- Haşlanmış pirinç

## HAZIRLIK

1. Tavuğu durulayın; Kurut. Limon suyu, tuz, karabiber, kereviz tuzu ve kırmızı biberle tatlandırın. Tavuğu yavaş pişiriciye yerleştirin. Orta boy bir kapta çorbaları şarapla birleştirin. Tavuk göğsünün üzerine dökün. Parmesan peyniri serpin. Örtün ve 6 ila 8 saat kısık ateşte pişirin.

Tavuk sosunu sıcak pişmiş pirincin üzerine servis edin ve Parmesan peynirini rendeleyin.
2. 4 ila 6 kişi için tasarlanmıştır.

*Yavaş Tencerede Tavuk Enchiladas*

### İÇERİK

- 1 paket. tavuk göğsü (1 - 1 1/2 lbs)
- 1 kavanoz tavuk sosu
- 14 ons konserve yeşil biber, doğranmış
- 1 doğranmış soğan
- Mısır ekmeği
- Rendelenmiş peynir

### HAZIRLIK

1. Yavaş bir ocakta tavuk, sos, yeşil biber ve doğranmış soğanı birleştirin; Örtün ve 5 ila 6 saat DÜŞÜK olarak pişirin. Tavuğu sostan çıkarın ve dilimleyin. Tavukları ve sosu mısır ekmeğinin üzerine dökün. Üzerine rendelenmiş peynir serpin ve rulo yapın. Bir fırın tepsisine yerleştirin. Fazla sosu üzerine dökün ve biraz daha rendelenmiş peynir serpin. 350°C'de yaklaşık 15 ila 20 dakika pişirin.
2. 4 ila 6 kişi için tasarlanmıştır.

*tavuk las vegas*

## İÇERİK

- 6 kemiksiz, derisiz tavuk göğsü
- 1 kutu kremalı mantar çorbası
- 1/2 bardak. Ekşi krema
- 1 (6 ons) kavanoz kurutulmuş kıyma

## HAZIRLIK

1. Çorba, ekşi krema ve tütsülenmiş eti karıştırın. Tavuğu karışıma bulayın, iyice kaplayın; bir tavaya koyun. Kalan karışımı tavuğun üzerine dökün. Örtün ve tavuk yumuşayana ancak kuruyana kadar 5 ila 7 saat DÜŞÜK olarak pişirin. Sıcak haşlanmış pirinç veya erişte ile servis yapın.
2. Hizmet 6.

*Yavaş Pişirilmiş Tavuk Parisienne*

### İÇERİK

- 6 ila 8 yarım tavuk göğsü
- tuz, karabiber ve kırmızı biber
- 1/2 bardak sek beyaz şarap
- 1 (10 1/2 oz.) kremalı mantar çorbası
- 8 ons dilimlenmiş mantar
- 1 bardak ekşi krema
- 1/4 su bardağı un

### HAZIRLIK

1. Tavuk göğsünü tuz, karabiber ve kırmızı biberle serpin. Yavaş pişiriciye yerleştirin. Şarap, et suyu ve mantarları iyice karışana kadar karıştırın. Tavuğun üzerine dökün. Kırmızı biber serpin. Örtün ve 6 ila 8 saat veya tavuk yumuşayana kadar kuruyana kadar pişirin. Ekşi krema ve unu karıştırın; Güveçe ekleyin. Tamamen ısınana kadar 20 dakika daha pişirin.
2. Pirinç veya erişte ile servis yapın.
3. 6 ila 8 kişi için tasarlanmıştır.

## Tavuk Reuben Güveç, Yavaş Pişirici

### İÇERİK

- 32 ons lahana turşusu (kavanoz veya torba), durulayın ve boşaltın
- 1 su bardağı Rus sosu
- 4 ila 6 kemiksiz, derisiz yarım tavuk göğsü
- 1 yemek kaşığı hazır hardal
- 1 kase rendelenmiş İsviçre peyniri veya Monterey Jack

### HAZIRLIK

1. Lahana turşusunun yarısını kasenin dibine yerleştirin. Üzerine 1/3 su bardağı sosu dökün; Üzerine 2-3 tavuk göğsü koyun ve tavuğun üzerine hardalı yayın. Kalan lahana turşusu ve tavuk göğsü ile doldurun; Üzerine 1/3 su bardağı sos dökün ve kalan 1/3 su bardağı sosu servis için ayırın.
2. Örtün ve yaklaşık 4 saat veya tavuk pişip yumuşayana kadar pişirin. İsviçre peyniri serpin ve peynir eriyene kadar pişirin.
3. Hazırlanan sos ile servis yapın.
4. 4 ila 6 kişi için tasarlanmıştır.

*kızılcıklı tavuk*

## İÇERİK

- 6 adet derisiz ve kemiksiz tavuk göğsü

- 1 küçük soğan doğranmış

- 1 su bardağı taze kızılcık

- 1 çay kaşığı tuz

- 1/4 çay kaşığı öğütülmüş tarçın

- 1/4 çay kaşığı öğütülmüş zencefil

- 3 yemek kaşığı esmer şeker veya bal

- 1 bardak portakal suyu

- 3 yemek kaşığı unu 2 yemek kaşığı soğuk suyla karıştırın

### HAZIRLIK

1. Un ve su karışımı dışındaki tüm malzemeleri yavaş bir tencereye veya tencereye koyun. Örtün ve tavuk yumuşayana kadar 6 ila 7 saat pişirin. Son 15-20 dakika unlu karışımı ekleyin ve koyulaşana kadar pişirin. Baharatları tadın ve ayarlayın.

2. 4 kişi için.

## Soslu ve Soslu Tavuk, Yavaş Pişirici

### İÇERİK

- 1 paket (6 ons) terbiyeli doldurma kırıntıları (soba üstü doldurma karışımı)
- Küçük küpler halinde kesilmiş 1 büyük patates
- 1 demet taze soğan, doğranmış
- 2 kereviz sapı, doğranmış
- 1/2 bardak su
- 3 yemek kaşığı bölünmüş tereyağı
- 1 çay kaşığı kümes hayvanı çeşnisi, bölünmüş
- 1 ila 1 1/2 pound kemiksiz tavuk budu veya göğsü
- Heinz Homestyle Chicken Gravy gibi 1 kavanoz (12 ons) tavuk sosu

### HAZIRLIK

1. Hafifçe yağlanmış veya püskürtülmüş bir tavada, doğranmış patatesleri, yeşil soğanı, kerevizi, 2 yemek kaşığı eritilmiş tereyağını ve 1/2 su bardağı suyu kırıntı tepesi ile birleştirin. Yaklaşık 1/2 çay

kaşığı kümes hayvanı baharatı serpin. tavuk parçaları ile doldurma; Kalan tereyağı ve kümes hayvanı baharatı ile gezdirin. Sosu tavukların üzerine dökün. Örtün ve 6 ila 7 saat kısık ateşte pişirin.

## Makarna ve füme gouda peynirli tavuk

### İÇERİK

- 1 1/2 kilo kemiksiz tavuk

- 2 küçük kabak, ikiye bölünmüş ve 1/8 inç kalınlığında dilimlenmiş

- 1 paket tavuk suyu karışımı (yaklaşık 1 oz.)

- 2 yemek kaşığı su

- tadına göre biber ve tuz

- tercihen bir tutam taze çekilmiş hindistan cevizi

- 8 ons füme Gouda peyniri, rendelenmiş

- 2 yemek kaşığı buharlaştırılmış süt veya hafif krema

- 1 büyük doğranmış domates

- 4 su bardağı pişmiş makarna veya küçük kabuklu deniz ürünleri makarnası

### HAZIRLIK

1. Tavuğu 1 inçlik küpler halinde kesin; bir tavaya koyun. Kabak, sos karışımı, su ve baharatları ekleyin. Örtün ve 5 ila 6 saat kısık ateşte pişirin. Son 20 dakika boyunca veya makarna pişerken füme gouda peyniri, süt veya krema ve doğranmış

domatesleri tencereye ekleyin. Pişen makarnayı sıcak karışıma ilave edin.
2. Tavuk tarifi 4 kişiliktir.

## İnci soğanlı mantarlı tavuk, yavaş ocak

### İÇERİK

- 1 inçlik parçalar halinde kesilmiş 4 ila 6 kemiksiz yarım tavuk göğsü

- 1 kutu (10 3/4 ons) kremalı tavuk veya kremalı tavuk ve mantar çorbası

- 8 ons dilimlenmiş mantar

- 1 torba (16 ons) donmuş inci soğan

- tadına göre biber ve tuz

- süslemek için kıyılmış maydanoz

### HAZIRLIK

1. Tavuğu yıkayın ve kurutun. Yaklaşık 1/2 ila 1 inçlik parçalar halinde kesin ve büyük bir kaseye yerleştirin. Et suyu, mantar ve soğan ekleyin; birleştirmek için karıştırın. Yavaş pişiriciyi pişirme spreyi ile püskürtün.
2. Tavuk karışımını fırına dayanıklı bir kaba dökün ve tuz ve karabiberle tatlandırın.
3. Bir kaynamaya getirin ve mümkünsc pişirme süresinin yaklaşık yarısında karıştırarak 6 ila 8 saat DÜŞÜK olarak pişirin.
4. İstenirse, taze kıyılmış maydanozla süsleyin ve sıcak haşlanmış pirinç veya patates ile servis yapın.
5. 4 ila 6 kişi için tasarlanmıştır.

*ananaslı tavuk*

## İÇERİK

- 1 ila 1 1/2 pound tavuk eti, 1 inçlik parçalar halinde kesilmiş
- 2/3 su bardağı ananas reçeli
- 1 yemek kaşığı artı 1 çay kaşığı teriyaki sosu
- İnce dilimlenmiş 2 diş sarımsak
- 1 yemek kaşığı kuru doğranmış soğan (veya 1 demet taze taze soğan, doğranmış)
- 1 yemek kaşığı limon suyu
- 1/2 çay kaşığı öğütülmüş zencefil
- tatmak için acı kırmızı biber
- 1 paket (10 ons) şeker bezelye, çözülmüş

## HAZIRLIK

1. Tavuk parçalarını yavaş pişiriciye/tencereye koyun.
2. Reçel, teriyaki sosu, sarımsak, soğan, limon suyu, zencefil ve kırmızı biberi karıştırın; iyice karıştırın. Tavuğun üzerine kaşıkla.

3. Örtün ve 6 ila 7 saat kısık ateşte pişirin. Son 30 dakikada bezelyeleri ekleyin.
4. 4 kişi için.

## Ülke Kaptan Tavuk

### İÇERİK

- 2 orta boy Granny Smith elması, kabuksuz ve zarsız (soyulmamış)

- 1/4 su bardağı ince kıyılmış soğan

- 1 küçük yeşil dolmalık biber, çekirdekleri temizlenmiş ve ince doğranmış

- 3 diş kıyılmış sarımsak

- 2 yemek kaşığı kuru üzüm veya kuş üzümü

- 2 ila 3 çay kaşığı köri tozu

- 1 çay kaşığı öğütülmüş zencefil

- 1/4 çay kaşığı öğütülmüş kırmızı biber veya tadı

- 1 kutu (yaklaşık 14 1/2 oz.) doğranmış domates

- 6 kemiksiz, derisiz tavuk göğsü

- 1/2 su bardağı tavuk suyu

- 1 su bardağı işlenmiş uzun taneli beyaz pirinç

- 1 pound orta ila büyük karides, kabuklu ve devein, istenildiği gibi pişmemiş

- 1/3 su bardağı rendelenmiş badem

- koşer tuzu

- kıyılmış maydanoz

## HAZIRLIK

1. 4 ila 6 litrelik yavaş pişiricide doğranmış elma, soğan, biber, sarımsak, altın kuru üzüm veya kuş üzümü, köri tozu, zencefil ve öğütülmüş biberi birleştirin; domatesleri karıştırın.
2. Tavuğu hafifçe üst üste gelecek şekilde domates karışımının üzerine yerleştirin. Tavuk suyunu tavuk göğsü yarımlarının üzerine dökün. Örtün ve tavuk bir çatalla delinene kadar yaklaşık 4 ila 6 saat kadar DÜŞÜK olarak pişirin.
3. Tavuğu ılık bir tabağa aktarın, üzerini gevşek bir şekilde kapatın ve fırında veya ısıtma çekmecesinde 200°F'de sıcak tutun.
4. Pirinci pişirme sıvısına karıştırın. Isıyı yükseğe yükseltin; Örtün ve pirinç neredeyse yumuşayana kadar yaklaşık 35 dakika bir veya iki kez karıştırarak pişirin. Kullanıyorsanız karidesle karıştırın; örtün ve karidesin merkezi opak olana kadar yaklaşık 15 dakika daha pişirin; Test etmek için kesin.
5. Bu arada, bademleri küçük bir yapışmaz tavada orta ateşte ara sıra karıştırarak altın rengi olana kadar kızartın. Bir kenara bırak.
6. Servis yapmadan önce pirinç karışımını tuzlayın. Sıcak servis tabağına dökün; Üzerine tavukları dizin. Maydanoz ve badem serpin.

*Bahçede tavuk ve mantar*

### İÇERİK

- 1 kavanoz ülke sosu

- 4 ila 6 tavuk göğsü

- 8 ons dilimlenmiş mantar

- tatmak için biber ve tuz

### HAZIRLIK

1. Bütün malzemeleri karıştır; Örtün ve 6 ila 7 saat kısık ateşte pişirin. Pirinç veya erişte ile servis yapın.
2. 4 ila 6 kişi için tasarlanmıştır.

*kızılcıklı tavuk*

## İÇERİK

- 2 kg kemiksiz, derisiz tavuk göğsü
- 1/2 bardak doğranmış soğan
- 2 çay kaşığı bitkisel yağ
- 2 çay kaşığı tuz
- 1/2 çay kaşığı öğütülmüş tarçın
- 1/4 çay kaşığı öğütülmüş zencefil
- 1/8 çay kaşığı öğütülmüş hindistancevizi
- yenibaharı rendeleyin
- 1 bardak portakal suyu
- 2 çay kaşığı ince rendelenmiş portakal kabuğu
- 2 su bardağı taze veya dondurulmuş kızılcık
- 1/4 su bardağı esmer şeker

## HAZIRLIK

1. Tavuk ve soğan parçalarını yağda kızartın; tuz serpin.
2. Kızaran tavuğu, soğanı ve diğer malzemeleri tencereye ekleyin.
3. Örtün ve 5 1/2 ila 7 saat DÜŞÜK olarak pişirin.

4. İstenirse, pişirmenin sonuna doğru, 2 yemek kaşığı soğuk su ile karıştırılmış yaklaşık 2 yemek kaşığı mısır nişastası karışımı ile suyu koyulaştırın.

5.

www.ingramcontent.com/pod-product-compliance
Lightning Source LLC
Chambersburg PA
CBHW050348120526
44590CB00015B/1603